廣韻作業

廣韻作業

編著者：王志成
出版者：文史哲出版社
登記證字號：行政院新聞局局版臺業字〇七五五號
發行所：文史哲出版社
印刷者：文史哲出版社
台北市羅斯福路一段七十二巷四號
郵撥〇五一二八八一二彭正雄帳戶
電話：三五一一〇二八
實價新台幣二五〇元
中華民國八十九年一月初版十一刷

ISBN 957-547-082-6

廣韻作業

上聲

去聲

入聲

上平聲　東第一

編號	韻紐	切語	切語上字：聲紐	切語上字：清濁	切語上字：聲值	切語下字：等	切語下字：呼	切語下字：韻值	系聯	備註
	東	德紅								
	同	徒紅								
	中	陟弓								
	蟲	直弓								
	終	職戎								
	忡	敕中								
	崇	鋤弓								
	嵩	息弓								
	戎	如融								
	弓	居戎								
	融	以戎								
	雄	羽弓								
	瞢	莫中								
	穹	去宮								

窮	馮	風	豐	充	隆	空	公	蒙	籠	洪	叢	翁	怱	通	葼	蓬	烘
渠弓	房戎	方戎	敷空	昌終	力中	苦紅	古紅	莫紅	盧紅	戶公	徂紅	烏紅	倉紅	他紅	子紅	薄紅	呼東

上平聲 冬第二

編號	韻紐	切語	切語上字 聲紐	切語上字 清濁	切語上字 聲值	切語下字 等	切語下字 呼	切語下字 韻值	系聯	備註
	冬	都宗								
	彤	徒冬								
	賨	藏宗								
	農	奴冬								
	攻	古冬								
	䃔	戶冬								
	𨼑	力冬								
	宗	作冬								

	㟅	五東
	檧	蘇公

韻紐	切語	聲紐	清濁	聲值	等	呼	韻值	備註
鬆	私宗							
炵	他冬							

上平聲 鍾第三

編號	韻紐	切語	切語上字系聯 聲紐	清濁	切語下字系聯 聲值	等	呼	韻值	備註
	鍾	職容							
	龍	力鍾							
	舂	書容							
	松	祥容							
	衝	尺容							
	容	餘封							
	封	府容							
	胷	許容							

顒	邕	醲	重	從	蹱	逢	夆	縱	茸	蛩	鱅	恭	蜙	樅	銎
魚容	於容	女容	直容	疾容	丑凶	符容	敷容	即容	而容	渠容	蜀庸	九容	息恭	七恭	曲恭

上平聲

江第四

編號												
韻紐	江	厖	膿	囪	邦	栙	胮	瀧	雙	龐	肛	胦
切語	古雙	莫江	女江	楚江	博江	下江	匹江	呂江	所江	薄江	許江	握江
切語上字 聲紐清濁												
切語上字 聲值等呼												
切語下字 韻值												
切語下字 系聯												
備註												

韻紐	切語	切語上字 聲紐	清濁	聲值	切語下字 等	呼	韻值	系聯	備註
幢	宅江								
惷	丑江								
椿	都江								
[illegible]	五江								
淙	士江								

上平聲　支第五

編號	韻紐	切語	切語上字 聲紐	清濁	聲值	切語下字 等	呼	韻值	系聯	備註
	支	章移								
	移	弋支								
	爲	薳支								
	嬀	居爲								

麾	逶	縻	隓	鬌	埀	羸	吹	鈹	陂	隨	虧	闚	奇	衹	犧	敧
許爲	於爲	靡爲	許規	直垂	是爲	力爲	昌垂	敷羈	彼爲	旬爲	去爲	去隨	渠羈	巨支	許羈	去奇

馳	渏	知	雌	彌	摛	差	斯	纚	陴	卑	羈	貲	疵	離	兒	提
直離	於離	陟離	此移	武移	丑知	楚宜	息移	式支	符支	府移	居宜	即移	疾移	呂支	汝移	是支

眭	危	詑	釃	⿰革巂	痿	厜	⿰耳桼	劑	衰	腄	⿰馬垂	眵	齜	岥	⿱艹陏	齹
息爲	魚爲	香支	所宜	山垂	人垂	姊宜	居隋	遵爲	楚危	竹垂	子垂	叱支	側宜	匹支	悅吹	士宜

上平聲　脂第六

編號	韵紐	切語	切語上字 聲紐	清濁	聲值	切語下字 等	呼	韵值	系聯	備註
	脂	旨夷								
	姨	以脂								
	師	踈夷								
	毗	房脂								
	咨	即夷								
	飢	居夷								
	鴟	處脂								
	絺	丑飢								
	郪	取私								
	茨	疾資								
	尼	女夷								

墀	直尼
私	息夷
尸	式之
鬐	渠脂
伊	於脂
棃	力脂
葵	渠追
追	陟隹
龜	居追
蕤	儒隹
衰	所追
惟	以追
纍	力追
綏	息遺
逵	渠追
眉	武悲
悲	府眉
隹	職追

帷	邳	丕	倠	鎚	推	胝	紕	嶉	巋	狋	咦
洧悲	符悲	敷悲	許維	直追	叉隹	丁尼	匹夷	醉綏	丘追	牛肌	喜夷

上平聲之第七

編號	韻紐	切語	切語上字聲紐	清濁	聲值	切語下字等呼	韻值	系聯	備註
	之	止而							
	飴	與之							
	時	市之							
	疑	語其							
	思	息茲							
	輜	楚持							
	其	渠之							
	詩	書之							
	而	如之							
	欺	去其							
	姬	居之							
	詞	似茲							
	釐	里之							
	菑	側持							

上平聲 微第八

編號											
韻紐	僖	醫	癡	治	蚩	慈	茲	茬	漦	抾	䀵
切語	許其	於其	丑之	直之	赤之	疾之	子之	士之	俟甾	丘之	式其
切語上字 聲紐											
清濁											
聲值											
切語下字 等											
呼											
韻值											
聯系											
備註											

微	無非
揮	許歸
幃	雨非
霏	芳非
斐	甫微
肥	符非
威	於非
祈	渠希
機	居依
希	香衣
依	於希
沂	魚衣
巍	語韋
歸	舉韋
蘬	丘韋

上平聲　魚第九

編號	韻紐	切語	切語上字 聲紐	切語上字 清濁	切語上字 聲值	切語下字 等	切語下字 呼	切語下字 韻值	系聯	備註
	魚	語居								
	初	楚居								
	書	傷魚								
	居	九魚								
	渠	強魚								
	余	以諸								
	胥	相居								
	疽	七余								
	鉏	士魚								
	攄	丑居								
	疏	所葅								
	虛	朽居								
	徐	似魚								
	於	央居								

上平聲　虞第十

編號										
韻紐	豬	臚	諸	除	如	且	虛	葅	蜍	袽
切語	陟魚	力居	章魚	直魚	人諸	子魚	去魚	側魚	署魚	女余
切語上字　聲紐										
切語上字　清濁										
切語上字　聲值										
切語下字　等										
切語下字　呼										
切語下字　韻值										
系聯										
備註										

鶵	扶	慺	趨	朱	區	逾	殊	貙	株	須	儒	衢	訏	于	無	芻	虞
仕于	防無	力朱	七逾	章俱	豈俱	羊朱	市朱	敕俱	陟輸	相俞	人朱	其俱	況于	羽俱	武夫	測隅	遇俱

編號													
韻	㑳	敷	諏	跗	紆	輸	樞	廚	拘	毹			
切語	莊俱	芳無	子于	甫無	憶俱	式朱	昌朱	直誅	舉朱	山芻			
切語上字													
切語下字													
系													
備註													

上平聲 模第十一

[illegible]	[illegible]
酺	薄胡
胡	戶吳
孤	古胡
徒	同都
奴	乃都
呼	荒烏
吾	五乎
租	則吾
盧	落胡
蘇	素姑
徂	昨胡
烏	哀都
逋	博孤
枯	苦胡
麤	倉胡
稌	他胡
都	當孤

韻紐	切語
[illegible]	普胡

上平聲 齊第十二

編號	韻紐	切語	切語上字 聲紐	切語上字 清濁	切語上字 聲值	等	呼	切語下字系	韻值	聯	備註
	齊	徂奚									
	黎	郎奚									
	妻	七稽									
	低	都奚									
	嗁	杜奚									
	豍	邊兮									
	雞	古奚									
	奚	胡雞									
	鷖	烏奚									

醯	西	梯	鼙	磇	齎	迷	泥	谿	圭	睽	攜	臡	移	烓	睳
呼雞	先稽	土雞	部迷	匹迷	相稽	莫兮	奴低	苦奚	古攜	苦圭	戶圭	人兮	成臡	烏攜	呼攜

上平聲 佳第十三

編號	韻紐	切語	切語上字系聲紐	清濁	聲值	等呼	韻值	切語下字系聯	備註
	佳	古膎							
	㥬	戶佳							
	牌	薄佳							
	媧	古蛙							
	蛙	烏媧							
	咼	苦緺							
	柴	士佳							
	釵	楚佳							
	竵	火媧							

韻紐	切語
[illegible]	[illegible]佳
崖	五佳
娃	於佳
崽	山佳
[illegible]	火佳
扠	丑佳
䁹	莫佳
鼃	戶媧

上平聲 皆第十四

編號	韻紐	切語	切語上字 聲紐	切語上字 清濁	切語上字 聲值	切語下字 等	切語下字 呼	切語下字 韻值	系聯	備註
	皆	古諧								
	揩	乙諧								

諧	戶皆
排	步皆
乖	古懷
懷	戶乖
匯	苦淮
豺	士皆
差	楚皆
⿸厂虫	呼懷
⿸厂貴	杜懷
埋	莫皆
齋	側皆
崴	乙皆
⿰齒來	卓皆
唻	賴諧
揩	口皆
⿰扌屖	諧皆
崽	山皆
[illegible]	疑皆

編號	韻紐	切語	切語上字 聲紐	清濁	聲值	切語下字 等	呼	韻值	系聯	備註
	俙	喜皆								
	䐯	力懷								
	膗	仕懷								

上平聲　灰第十五

編號	韻紐	切語	切語上字 聲紐	清濁	聲值	切語下字 等	呼	韻值	系聯	備註
	灰	呼恢								
	恢	苦回								
	隈	烏恢								
	回	戶恢								
	枚	莫杯								
	傀	公回								

雷	穨	崔	磓	膗	摧	裴	桮	肧	鮠	[illegible]	懮	嗺
魯回	杜回	倉回	都回	素回	昨回	薄回	布回	芳杯	五灰	他回	乃回	臧回

上平聲　咍第十六

編號	韻紐	切語	切語上字 聲紐	切語上字 清濁	切語上字 聲值	切語下字 等	切語下字 呼	切語下字 韻值	聯系	備註
	咍	呼來								
	開	苦哀								
	哀	烏開								
	臺	徒哀								
	該	古哀								
	裁	昨哉								
	來	落哀								
	烖	祖才								
	猜	倉才								
	䏬	扶來								
	胎	土來								
	孩	戶來								
	鰓	蘇來								
	皚	五來								

能	⿰黑臺	⿰牜壽	㜳
奴來	丁來	昌來	普才

上平聲 眞第十七

編號	韻紐	切語	切語上字 聲紐	切語上字 清濁	切語上字 聲值	切語上字 等呼	切語下字 韻值	切語下字 系聯	備註
	眞	職鄰							
	⿰犭⿱𢆶灬	丑人							
	因	於眞							
	新	息鄰							
	辰	植鄰							

巾	銀	頻	繽	紉	寅	秦	瞋	津	陳	珍	槿	粦	賔	申	礥	親	神
居銀	語巾	符眞	匹賔	女鄰	翼眞	匠鄰	昌眞	將鄰	直珍	陟鄰	巨巾	力珍	必鄰	失人	下珍	士人	食鄰

上平聲　諄第十八

編號												
韻紐	麏	筠	囷	珉	貧	菡	贇	彬	民			
切語	居筠	爲贇	去倫	武巾	符巾	於巾	於倫	府巾	彌鄰			
切語上字系 聲紐												
清濁												
聲值												
等												
呼												
切語下字系 韻值												
聯系												
備註												

	諄
	章倫

[illegible]	[illegible]
⿰酉屯	直倫
荀	相倫
純	常倫
犉	如勻
脣	食倫
淪	力迍
屯	陟綸
逡	七倫
遵	將倫
春	昌脣
鶉	昨旬
勻	羊倫
旬	詳遵
均	居勻
趣	渠人
砏	普巾

上平聲 臻第十九

編號	韻紐	切語	切語上字系	切語下字系	聲紐	清濁	聲值	等呼	韻值	聯	備註
	臻	側詵									
	莘	所臻									
	榛	士臻									

上平聲 文第二十

編號	韻紐	切語	切語上字系	切語下字系	聲紐	清濁	聲值	等呼	韻值	聯	備註

編號	韻紐	切語	切語上字 聲紐	清濁	聲值	切語下字 等	呼	韻值	聯系	備註
	文	無分								
	雲	王分								
	熅	於云								
	汾	符分								
	分	府文								
	羣	渠云								
	薰	許云								
	君	擧云								
	芬	府文								

上平聲　欣第二十一

編號	韻紐	切語	切語上字 聲紐	清濁	聲值	切語下字 等	呼	韻值	聯系	備註
	欣	許斤								

韻紐	切語
殷	於斤
勤	巨斤
斤	舉欣
齗	語斤

上平聲 元第二十二

編號	韻紐	切語	切語上字聲紐	清濁	聲值	等呼	韻值	切語下字系聯	備註
	元	愚袁							
	袁	雨元							
	煩	附袁							
	飜	孚袁							
	暄	況袁							
	鴛	於袁							

韻紐	言	攑	軒	[illegible]	蔫	蕃	[illegible]	樠
切語	語軒	丘言	虛言	居言	謁言	甫煩	巨言	武元

上平聲 魂第二十三

編號		
韻紐	䰟	昆
切語	戶昆	古渾
切語上字 聲紐		
切語上字 清濁		
切語上字 聲值		
切語下字 等		
切語下字 呼		
切語下字 韻值		
系聯		
備註		

昷	烏渾
門	莫奔
孫	思渾
尊	祖昆
存	徂尊
敦	都昆
暾	他昆
屯	徒渾
村	此尊
僤	牛昆
盆	蒲奔
奔	博昆
論	盧昆
坤	苦昆
昏	呼昆
濆	普魂
磨	奴昆

上平聲　痕第二十四

編號	韵紐	切語	切語上字：聲紐	切語上字：清濁	切語上字：聲值	切語下字：等	切語下字：呼	切語下字：韵值	聯系	備註
	痕	戶恩								
	根	古痕								
	恩	烏痕								
	吞	吐根								
	垠	五根								

上平聲　寒第二十五

編號	韻紐	切語	切語上字系聯：聲紐	清濁	聲值	切語下字系聯：等	呼	韻值	系聯	備註
	寒	胡安								
	豻	俄寒								
	單	都寒								
	安	烏寒								
	難	那干								
	餐	七安								
	灘	他干								
	珊	蘇干								
	壇	徒干								
	殘	昨干								
	干	古寒								
	蘭	落干								
	看	苦寒								
	頇	許干								
	濡	乃官								

上平聲　桓第二十六

編號	韻紐	切語	切語上字：聲紐	切語上字：清濁	切語上字：聲值	切語下字：等	切語下字：呼	切語下字：韻值	系聯	備註
	桓	胡官								
	岏	五丸								
	端	多官								
	剜	一丸								
	湍	他端								
	酸	素官								
	團	度官								
	欑	在丸								
	官	古丸								
	鑾	落官								
	歡	呼官								

編號	韻紐	切語	切語上字	切語下字	系聯	聲紐	清濁	聲值	等呼	韻值	備註
	寬	苦官									
	鑽	借官									
	槃	薄官									
	瞞	母官									
	潘	普官									
	⿰番去	北潘									

上平聲　刪第二十七

編號	韻紐	切語	切語上字	切語下字	系聯	聲紐	清濁	聲值	等呼	韻值	備註
	刪	所姦									
	關	古還									
	彎	烏關									
	[illegible]	[illegible]									

上平聲　山第二十八

還	班	蠻	顏	姦	攀	奻	𤺝	馯	豻	跧
戶關	布還	莫還	五姦	古顏	普班	奴還	五還	丘姦	可顏	阻頑

編號	韻紐	切語	切語上字 聲紐	清濁	切語下字 聲值	等呼	韻值	系聯	備註
	山	所閒							
	鰥	古頑							
	閒	古閑							
	閑	戶閒							
	慳	苦閑							
	虥	士山							
	羴	許閒							
	訮	五閑							
	黫	烏閑							
	斒	方閑							
	斕	力閑							
	嘫	女閑							
	⿰犭單	充山							
	嬽	委鰥							
	窀	墜頑							
	[illegible]	力頑							

譠	[illegible]	湲	戲
陟山	直闗	獲頑	昨閑

下平聲　先第一

編號	韻紐	切語	切語上字 聲紐	切語上字 清濁	切語上字 聲值	切語下字 等呼	切語下字 韻值	系聯	備註
	先	蘇前							
	前	昨先							
	千	蒼先							
	箋	則前							
	天	他前							
	堅	古賢							
	賢	胡田							
	煙	烏前							
	蓮	落賢							
	田	徒年							
	秊	奴顛							
	顛	都年							
	牽	苦堅							
	[illegible]	[illegible]							

下平聲　仙第二

編號	韻紐	切語	聲紐	清濁	聲值	等	呼	韻值	系聯	備註
	仙	相然								
	眠	莫賢								
	蹁	部田								
	淵	烏玄								
	涓	古玄								
	鋗	火玄								
	邊	布玄								
	玄	胡涓								
	祆	呼煙								
	狥	崇玄								

錢	昨仙
遷	七然
煎	子仙
然	如延
延	以然
饘	諸延
甄	居延
邅	張連
潺	士連
羶	式連
脠	丑延
鋋	市連
纏	直連
嘕	許延
連	力延
篇	芳連
便	房連
緜	武延

栓	㤹	貟	遄	專	詮	次	鞭	船	娟	旋	沿	穿	堧	翾	鐫	宣	全
山貟	莊緣	王權	市緣	職緣	此緣	夕連	卑連	食川	於緣	似宣	與專	昌緣	而緣	許緣	子泉	須緣	疾緣

猭	丑緣
乾	渠焉
愆	去乾
權	巨員
椽	直攣
孿	呂員
桊	丘圓
焉	於乾
漹	有乾
嬽	於權
燀	尺延
虇	丁全
勬	居員

編號	韻紐	切語	切語上字：聲紐	切語上字：清濁	切語上字：聲值	切語下字：等	切語下字：呼	切語下字：韻值	系聯	備註
	蕭	蘇彫								
	祧	吐彫								
	貂	都聊								
	迢	徒聊								
	驍	古堯								
	聊	落蕭								
	堯	五聊								
	膮	許幺								
	幺	於堯								
	鄡	苦幺								

下平聲　宵第四

編號	韻紐	切語	切語上字聲紐	清濁	聲值	等呼	韻值	切語下字系聯	備註
	宵	相邀							
	超	敕宵							
	朝	陟遙							
	鼂	直遙							
	囂	許嬌							
	樵	昨焦							
	驕	舉喬							
	焦	即消							
	饒	如招							
	燒	式招							
	遙	餘昭							
	韶	市昭							
	昭	止遙							
	[illegible]								

瓢	蜱	苗	要	鴞	喬	鍫	妖	蹻	怊	䙴	翹	燎	趫
符霄	彌遥	武瀌	於霄	于嬌	巨嬌	七遥	於喬	去遥	尺招	撫招	渠遥	力昭	起囂

下平聲　肴第五

編號	韻紐	切語	聲紐	清濁	聲值	等呼	韻值	切語上字系聯	切語下字系聯	備註
	肴	胡茅								
	交	古肴								
	巢	鉏交								
	鐃	女交								
	梢	所交								
	茅	莫交								
	虓	許交								
	包	布交								
	胞	匹交								
	敲	口交								
	聱	五交								
	[illegible]	側交								
	嘲	陟交								
	[illegible]	[illegible]								

下平聲　豪第六

編號	韻紐	切語	切語上字：聲紐	切語上字：清濁	切語上字：聲值	切語下字：等	切語下字：呼	切語下字：韻值	聯系	備註
	豪	胡刀								
	高	古勞								
	勞	魯刀								
	蒿	呼毛								
	毛	莫袍								

編號	韻紐	切語	切語上字：聲紐	切語上字：清濁	切語上字：聲值	切語下字：等	切語下字：呼	切語下字：韻值	聯系	備註
	䫜	於交								
	颩	敕交								
	顟	力嘲								
	䄻	直交								

饕	刀	騷	袍	褒	陶	糟	敖	曹	爊	猱	尻	操	櫜
土刀	都牢	蘇遭	薄褒	博毛	徒刀	作曹	五勞	昨勞	於刀	奴刀	苦刀	七刀	普袍

下平聲　歌第七

編號	韻紐	切語	切語上字 聲紐	切語上字 清濁	切語上字 聲值	切語下字 等	切語下字 呼	切語下字 韻值	系聯	備註
	歌	古俄								
	蹉	七何								
	多	得何								
	娑	素何								
	駝	徒河								
	醝	昨何								
	莪	五何								
	佗	託何								
	羅	魯何								
	那	諾何								
	何	胡歌								
	訶	虎何								
	珂	苦何								
	阿	烏何								

下平聲　戈第八

編號	韻紐	切語	切語上字系聯　聲紐	清濁	聲值	等呼	切語下字系聯　韻值	備註
	戈	古禾						
	遳	七戈						
	陊	丁戈						
	莎	蘇禾						
	婆	薄波						
	牠	徒和						
	摩	莫婆						
	矬	昨禾						
	訛	五禾						
	它	土禾						

[illegible]	捼	波	頗	和	科	倭	鞾	𦙶	𩨂	伽	佉	迦	脞	侳	瘸	𦢊
[illegible]	奴禾	博禾	滂禾	戶戈	苦禾	烏禾	許𦙶	於靴	去靴	求迦	丘伽	居伽	醋伽	子𩨂	巨靴	縷𩨂

下平聲 麻第九

編號	韻紐	切語	切語上字				切語下字		系聯	備註
			聲紐	清濁	聲值	等	呼	韻值		
	麻	莫霞								
	車	尺遮								
	奢	式車								
	邪	以遮								
	遮	正奢								
	嗟	子邪								
	蛇	食遮								
	華	戶花								
	瓜	古華								
	華	呼瓜								
	夸	苦瓜								

嘉	遐	葩	鴉	巴	叉	鯊	牙	樝	茶	衺	闍	窊	髽	檛	爬	槎
古牙	胡加	普巴	於加	伯加	初牙	所加	五加	側加	宅加	似嗟	視遮	烏瓜	莊華	陟瓜	蒲巴	鉏加

下平聲 陽第十

編號														
韻紐	侘	奓	煆	齖	査	若	些	爹	佽	傑				
切語	敕加	陟加	許加	苦加	才邪	人賒	寫邪	陟邪	五瓜	乞加				
切語上字 聲紐														
清濁														
聲值														
切語下字 等														
呼														
韻值														
聯系														
備註														

亡	創	將	襄	方	穰	張	長	薑	羌	昌	章	房	商	香	良	詳	陽
武方	初良	即良	息良	府良	汝陽	陟良	直良	居良	去羊	尺良	諸良	符方	式羊	許良	呂張	似羊	與章

孃	牀	莊	常	霜	牆	鏘	匡	王	央	強	蕩	芳	狂
女良	士莊	側羊	市羊	色莊	在良	七羊	去王	雨方	於良	巨良	褚羊	敷方	巨王

下平聲　唐第十一

編號	韻紐	切語	切語上字：聲紐	切語上字：清濁	切語上字：聲值	切語下字：等	切語下字：呼	切語下字：韻值	聯系	備註
	唐	徒郎								
	郎	魯當								
	當	都郎								
	倉	七岡								
	岡	古郎								
	桑	息郎								
	康	苦岡								
	荒	呼光								
	黃	胡光								
	光	古黃								
	湯	吐郎								
	滂	普郎								
	汪	烏光								
	鴦	烏郎								

下平聲 庚第十二

編韻	切語	切語上字	切語下字	系	備註
炕	呼郎				
航	胡郎				
茫	莫郎				
臧	則郎				
囊	奴當				
傍	步光				
卬	五剛				
藏	昨郎				
骯	苦光				
幫	博旁				

庚 古行
阬 客庚
盲 武庚
横 户盲
閍 甫盲
諻 虎横
觵 古横
彭 薄庚
脝 許庚
瞠 丑庚
鎗 楚庚
傖 助庚
甖 於驚
磅 撫庚
平 符兵
驚 舉卿
明 武兵
棖 直庚

下平聲　耕第十三

編號	韻紐	切語	切語上字 聲紐	切語上字 清濁	切語上字 聲值	切語下字 等	切語下字 呼	切語下字 韻值	系聯	備註
	趟	竹盲								
	榮	永兵								
	兵	甫明								
	兄	許榮								
	卿	去京								
	生	所庚								
	擎	渠京								
	迎	語京								
	行	戶庚								
	鬤	乃庚								

娙	輣	泓	橙	繃	轟	怦	儜	琤	崢	甖	朾	莖	宏	浜	甍	鏗	耕
五莖	薄萌	烏宏	宅耕	北萌	呼宏	普耕	女耕	楚耕	七耕	烏莖	中莖	戶耕	戶萌	布耕	莫耕	口莖	古莖

	爭	側莖

下平聲 清第十四

編號	韻紐	切語	切語上字 聲紐	清濁	聲值	等呼	韻值	切語下字系聯	備註
	清	七情							
	情	疾盈							
	精	子盈							
	盈	以成							
	營	余傾							
	嬰	於盈							
	貞	陟盈							
	檉	丑貞							
	成	是征							

字	反切
聲	書盈
征	諸盈
輕	去盈
名	武并
跉	呂貞
并	府盈
傾	去營
鍚	徐盈
縈	於營
瓊	渠營
騂	息營
頸	巨成
眴	火營

下平聲 青第十五

編號	韻紐	切語	切語上字 聲紐	清濁	聲值	切語下字 等呼	韻值	系聯	備註
	青	倉經							
	經	古靈							
	刑	戶經							
	庭	特丁							
	丁	當經							
	馨	呼刑							
	星	桑經							
	竮	普丁							
	靈	郎丁							
	寧	奴丁							
	汀	他丁							
	冥	莫經							
	瓶	薄經							
	熒	戶扃							

下平聲　蒸第十六

編號	韻紐	切語	切語上字：聲紐	切語上字：清濁	切語上字：聲值	切語下字：等	切語下字：呼	切語下字：韻值	聯系	備註
	蒸	煑仍								
	承	署陵								
	澂	直陵								
	陵	力膺								
	膺	於陵								
	凭	扶冰								
	冫	筆陵								
	蠅	余陵								
	繩	食陵								

升	仍	兢	徵	繒	凝	興	稱	殑	殊	硱	僜	磳	砯
識蒸	如乘	居陵	陟陵	疾陵	魚陵	虛陵	處陵	其矜	山矜	綺兢	丑升	仕兢	披冰

下平聲　登第十七

編號	韵紐	切語	切語上字：聲紐	切語上字：清濁	切語上字：聲值	切語下字：等	切語下字：呼	切語下字：韵值	系聯	備註
	登	都滕								
	楞	魯登								
	僧	蘇增								
	崩	北滕								
	增	作滕								
	瞢	武登								
	層	昨棱								
	朋	步崩								
	弘	胡肱								
	肱	古弘								
	薨	呼肱								
	能	奴登								
	騰	徒登								
	恒	胡登								

韻紐	切語	聲紐	清濁	聲值	等	呼	韻值	系聯	備註
揯	古恒								
鼟	他登								
漰	普朋								

下平聲 尤第十八

編號	韻紐	切語	切語上字 聲紐	清濁	聲值	等	切語下字 呼	韻值	系聯	備註
	尤	羽求								
	憂	於求								
	劉	力求								
	秋	七由								
	猷	以周								
	牛	語求								
	遒	即由								

休	愁	鄒	搊	搜	不	鳩	[illegible]	丘	收	柔	讎	周	犨	恘	抽	脩	[illegible]
許尤	士尤	側鳩	楚鳩	所鳩	甫鳩	居求	匹尤	去鳩	式州	耳由	市流	職流	赤周	去秋	丑鳩	息流	[illegible]

編號	韵紐	切語	切語上字聲紐	清濁	聲值	等	呼	切語下字韵值	系聯	備註
	囚	似由								
	儔	直由								
	輈	張流								
	裒	巨鳩								
	浮	縛謀								
	謀	莫浮								

下平聲　侯第十九

編號	韵紐	切語	切語上字聲紐	清濁	聲值	等	呼	切語下字韵值	系聯	備註
	侯	戶鉤								
	謳	烏侯								
	羺	奴鉤								
	婁	落侯								

呣	誰	裒	剽	兜	鉤	齵	頭	偷	鯫	齁	彄	涑
亡侯	千侯	薄侯	徂鉤	當侯	古侯	五婁	度侯	託侯	子侯	呼侯	恪侯	速侯

下平聲 幽第二十

編號	韻紐	切語	切語上字 聲紐	清濁	聲值	等	呼	切語下字 韻值	系聯	備註
	幽	於虯								
	虯	渠幽								
	彪	甫烋								
	鏐	力幽								
	樛	居虯								
	滮	皮彪								
	稵	子幽								
	犙	山幽								
	聱	語虯								
	飍	香幽								
	繆	武彪								

下平聲　侵第二十一

編號	韵紐	切語	切語上字 聲紐	切語上字 清濁	切語上字 聲值	切語下字 等	切語下字 呼	切語下字 韵值	系聯	備註
	侵	七林								
	尋	徐林								
	林	力尋								
	琛	丑林								
	斟	職深								
	沈	直深								
	碪	知林								
	諶	氏任								
	任	如林								
	深	式針								
	淫	餘針								
	心	息林								
	愔	挹淫								

祲	魿	𧦝	琴	欽	吟	歆	金	音	森	岑	兂	參	覞
子心	昨淫	女心	巨金	去金	魚金	許金	居吟	於金	所金	鋤針	側吟	楚簪	充針

下平聲　覃第二十二

編號	韻紐	切語	切語上字 聲紐	切語上字 清濁	切語上字 聲值	切語下字 等	切語下字 呼	切語下字 韻值	系聯	備註
	覃	徒含								
	參	倉含								
	南	那含								
	諳	烏含								
	含	胡男								
	婪	盧含								
	蠶	昨含								
	簪	作含								
	探	他含								
	耽	丁含								
	龕	口今								
	峆	火含								
	毿	蘇含								
	弇	古南								

謙	五含

下平聲 談第二十三

編號	韻紐	切語上字	切語下字	系聯	聲紐	清濁	聲值	等呼	韻值	聯	備註
	談	徒	甘								
	甘	古	三								
	擔	都	甘								
	三	蘇	甘								
	藍	魯	甘								
	坩	苦	甘								
	舑	他	酣								
	慙	昨	甘								
	酣	胡	甘								

下平聲　鹽第二十四

編號							
韻紐	鹽	廉	砭	銛	籤	詹	棎
切語	余廉	力鹽	府廉	息廉	七廉	職廉	視占
切語上字：聲紐							
切語上字：清濁							
切語上字：聲值							
切語下字：等							
切語下字：呼							
切語下字：韻值							
系聯							
備註							

韻紐	蚶	蹔	姏
切語	呼談	作三	武酣

苫	失廉
韂	處占
𦓐	汝鹽
黏	女廉
炎	于廉
霑	張廉
覘	丑廉
淹	央炎
⿰忄咸	丘廉
⿰齒兼	語廉
尖	子廉
潛	昨鹽
箝	巨淹
懕	一鹽
燅	徐鹽
襳	史炎
⿱丙火	直廉
[illegible]	巨鹽

下平聲　添第二十五

編號	韻紐	切語	切語上字 聲紐	清濁	聲值	切語下字 等	呼	韻值	系聯	備註
	添	他兼								
	髺	丁兼								
	甜	徒兼								
	鬑	勒兼								
	謙	苦兼								
	兼	古甜								
	嫌	戶兼								
	鮎	奴兼								
	馦	許兼								

下平聲 咸第二十六

編號	韻紐	切語	切語上字 聲紐	清濁	聲值	等	呼	韻值	切語下字系聯	備註
	咸	胡讒								
	緘	古咸								
	攕	所咸								
	猎	乙咸								
	喦	五咸								
	㰹	許咸								
	詀	竹咸								
	諵	女咸								
	讒	士咸								
	鵮	苦咸								

下平聲 銜第二十七

編號	韻紐	切語	切語上字 聲紐	清濁	聲值	切語下字 等	呼	韻值	聯系	備註
	銜	戶監								
	巉	鋤銜								
	巖	五銜								
	攙	楚銜								
	衫	所銜								
	監	古銜								
	䓁	白銜								
	嵌	口銜								

下平聲 嚴第二十八

編號	韻紐	切語	切語上字系：聲紐	清濁	聲值	等	呼	韻值	切語下字系：聯	備註
	嚴	語𩏩								
	𩏩	虛嚴								
	醃	於嚴								
	㪁	丘嚴								

下平聲 凡第二十九

編號	韻紐	切語	切語上字系：聲紐	清濁	聲值	等	呼	韻值	切語下字系：聯	備註
	凡	符咸								
	芝	匹凡								

上聲 董第一

編號	韻紐	切語	切語上字：聲紐	切語上字：清濁	切語上字：聲值	切語下字：等	切語下字：呼	切語下字：韻值	聯系	備註
	董	多動								
	蠓	莫孔								
	孔	康董								
	𢾛	先孔								
	侗	他孔								
	總	作孔								
	澒	胡孔								
	蓊	烏孔								
	鬞	奴動								
	琫	邊孔								
	曨	力董								
	嗊	呼孔								
	動	徒揔								
	菶	蒲蠓								

上聲

腫第二

編號	韻紐	切語	切語上字 聲紐	清濁	聲值	等	切語下字 呼	韻值	系聯	備註
	腫	之隴								
	寵	丑隴								
	隴	力踵								
	擁	於隴								
	宂	而隴								
	重	直隴								
	冢	知隴								
	奉	扶隴								
	捧	敷奉								
	勇	[illegible]隴								

尰	拱	悚	洶	覂	湩	⿰隹鳥	⿱巩木	⿰重隹	憁	⿰衤從
時宂	居悚	息拱	許拱	方勇	都⿰隹鳥	莫湩	渠隴	充隴	職勇	子冢

上聲 講第三

編號	韵紐	切語	切語上字 聲紐	清濁	聲值	切語下字 等	呼	韵值	系聯	備註
	講	古項								
	㭋	步項								
	慃	烏項								
	⿰亻尨	武項								
	項	胡講								
	絜	巴講								
	傋	虛慃								

上聲 紙第四

編號	韵紐	切語	切語上字 聲紐	清濁	聲值	切語下字 等	呼	韵值	系聯	備註

是 承紙
靡 文彼
彼 甫委
被 皮彼
毀 許委
委 於詭
跪 去委
詭 過委
髓 息委
絫 力委
技 渠綺
倚 於綺
掎 居綺
綺 墟彼
螘 魚倚
蔿 韋委
觜 即委
蘂 如累

此	雌氏
豸	池爾
徙	斯氏
酏	移爾
邐	力紙
躧	所綺
俾	并弭
爾	兒氏
渳	綿婢
婢	便俾
侈	尺氏
弛	施是
紫	將此
捶	之累
揣	初委
⿰犭隨	隨婢
舓	神帋
[illegible]	[illegible]

[illegible] [illegible]

諀 匹婢

[illegible] 羊捶

惢 才捶

跬 丘弭

狔 女氏

硊 魚毀

跪 渠委

褫 敕豸

[illegible] 陟侈

[illegible] 興倚

企 丘弭

菙 時髓

枳 居帋

上聲 旨第五

編號	韻紐	切語	切語上字聲紐	清濁	聲值	等呼	韻值	切語下字系聯	備註
	旨	職雉							
	視	承矢							
	美	無鄙							
	鄙	方美							
	兕	徐姊							
	几	居履							
	姊	將几							
	匕	卑履							
	軌	居洧							
	洧	榮美							
	矢	式視							
	雉	直几							
	死	息姊							
	牝	扶履							

[illegible]	水	壘	揆	趡	柅	癸	否	嶵	嚭	蕊	唯	欯	澤	黹	𥟖	跡	瞝
大几	式軌	力軌	求癸	千水	女履	居誄	符鄙	徂累	匹鄙	如壘	以水	於几	遵誄	豬几	楮几	止姊	火癸

編號			
韻紐	郈	跽	[illegible]
切語	暨軌	暨几	丘軌
聲紐清濁			
切語上字聲值等呼			
切語下字韻值			
系聯			
備註			

上聲 止第六

編號							
韻紐	止	市	徵	喜	紀	以	似
切語	諸市	時止	陟里	虛里	居理	羊己	詳里
聲紐清濁							
切語上字聲值等呼							
切語下字韻值							
系聯							
備註							

史	耳	里	枲	始	峙	起	士	俟	子	矣	擬	齒	耻	剢	滓	譩	伱
疎士	而止	良士	胥里	詩止	直里	墟里	鉏里	牀史	即里	于紀	魚紀	昌里	敕里	初紀	阻史	於擬	乃里

上聲 尾第七

編號	韻紐	切語	切語上字 聲紐	切語上字 清濁	切語上字 聲值	切語下字 等	切語下字 呼	切語下字 韻值	系聯	備註
	尾	無匪								
	扆	於豈								
	豈	袪狶								
	蟣	居狶								
	斐	敷尾								
	匪	府尾								
	韙	于鬼								
	鬼	居偉								
	虺	許偉								
	頠	魚豈								

編號	韻紐	切語	切語上字 聲紐	清濁	聲值	切語下字 等	呼	韻值	系聯	備註
	磈	於鬼								
	膹	浮鬼								

上聲 語第八

編號	韻紐	切語	切語上字 聲紐	清濁	聲值	切語下字 等	呼	韻值	系聯	備註
	語	魚巨								
	呂	力舉								
	佇	直呂								
	與	余呂								
	鬻	章与								
	汝	人渚								
	暑	舒呂								

杵	貯	諝	楮	女	許	巨	所	楚	阻	齟	咀	扵	舉	敘	去	紓
昌與	丁呂	私呂	丑呂	尼呂	虛呂	其呂	疎舉	創舉	側呂	牀呂	慈呂	於許	居許	徐呂	羌舉	神與

上聲 麌第九

編號	韻紐	切語	切語上字 聲紐	清濁	聲值	切語下字 等	呼	韻值	聯系	備註
	麌	虞矩								
	羽	王矩								
	聚	慈庾								
	甫	方矩								
	武	文甫								
	父	扶雨								
	撫	芳武								
	柱	直主								

詡	豎	庾	主	傴	齲	拄	乳	窶	數	矩	取	縷	[糹須]	[豸聚]
况羽	臣庾	以主	之庾	於武	驅雨	知庾	而主	其矩	所矩	俱雨	七庾	力主	相庾	齲禹

上聲　姥第十

編號	韻紐	切語	切語上字 聲紐	切語上字 清濁	切語上字 聲值	切語下字 等	切語下字 呼	切語下字 韻值	聯系	備註
	姥	莫補								
	土	他魯								
	杜	徒古								
	魯	郎古								
	蔖	采古								
	覩	當古								
	古	公戶								
	五	疑古								
	簿	裴古								
	粗	徂古								
	祖	則古								
	虎	呼古								
	隖	安古								

編號	韻紐	切語	切語上字系聯	聲紐	清濁	聲值	等呼	韻值	切語下字系聯	備註
	苦	康杜								
	怒	奴古								
	戶	侯古								
	普	滂古								
	補	博古								

上聲 薺第十一

編號	韻紐	切語	切語上字系聯	聲紐	清濁	聲值	等呼	韻值	切語下字系聯	備註
	薺	徂禮								
	禮	盧啓								
	體	他禮								
	頫	匹米								
	[illegible]	[illegible]								

上聲　蟹第十二

弟	瀰	洗	泚	啓	徯	米	陛	吟	垷	[illegible]
徒禮	奴禮	先禮	千禮	康禮	胡禮	莫禮	傍禮	烏弟	研啓	補米

編號	韻紐	切語	切語上字聲紐	切語上字清濁	切語上字聲值	切語下字等呼	切語下字韻值	切語下字系聯	備註
	蟹	胡買							
	買	莫蟹							
	𦬸	苦蟹							
	廌	宅買							
	嬭	奴蟹							
	罷	薄蟹							
	矮	烏蟹							
	擺	北買							
	解	佳買							
	灑	所蟹							
	𦫳	乖買							
	拏	丈夥							
	夥	懷𦫳							
	扮	花夥							
	箉	求蟹							

上聲 駭第十三

編號				
韻紐	駭	楷	騃	挨
切語	侯楷	苦駭	五駭	於駭
切語上字：聲紐				
切語上字：清濁				
切語上字：聲值				
切語下字：等				
切語下字：呼				
切語下字：韻值				
聯系				
備註				

上聲 賄第十四

編號
韻紐
切語
切語上字：聲紐
切語上字：清濁
切語上字：聲值
切語下字：等
切語下字：呼
切語下字：韻值
聯系
備註

賄	猥	磥	錞	辠	浼	骽	瘣	顝	䐶	餧	𩬀	頠	皠	琲	摧	倄
呼罪	烏賄	落猥	徒猥	徂賄	武罪	吐猥	胡罪	口猥	都罪	奴罪	陟賄	五罪	七罪	蒲罪	子罪	于罪

上聲　海第十五

編號	韻紐	切語	切語上字 聲紐	清濁	聲值	切語下字 等	呼	韻值	聯系	備註
	海	呼改								
	愷	苦亥								
	宰	作亥								
	駘	徒亥								
	乃	奴亥								
	改	古亥								
	亥	胡改								
	啡	匹愷								
	采	倉宰								
	茝	昌紿								
	等	多改								

上聲　軫第十六

編號	韻紐	切語	聲紐	清濁	聲值	等	呼	韻值	切語上字系聯	切語下字系聯	備註
	穤	莫亥									
	在	昨宰									
	倄	普乃									
	欸	於改									
	佁	夷在									
	⿰口臺	他亥									
	疓	如亥									
	釢	來改									
	⿰月與	與改									
	倍	薄亥									

[illegible]	䡅	腎	忍	弞	嶙	絼	緊	盡	濜	牝	釿	笉	窘	引	愍	泯	殞
[illegible]	丑忍	時忍	而軫	式忍	良忍	直引	居忍	慈忍	即忍	毗忍	宜引	七忍	渠殞	余忍	眉殞	武盡	于敏

上聲 準第十七

編號	韻紐	切語	切語上字聲紐	清濁	聲值	等	呼	韻值	切語下字系聯	備註
	準	之尹								
	尹	余準								
	筍	思尹								
	蝡	而允								
	蠢	尺尹								
	盾	食尹								
	偆	癡準								
	輪	力準								
	毴	而尹								
	[illegible]	[illegible]								

上聲 吻第十八

編號	韻紐	切語	切語上字 聲紐	切語上字 清濁	切語上字 聲值	切語下字 等	切語下字 呼	切語下字 韻值	聯系	備註
	吻	武粉								
	粉	方吻								
	憤	房吻								
	忿	敷粉								
	惲	於粉								

[illegible]	[illegible]忍	
賰	式允	
脪	興腎	
濜	鉏紖	
屒	珍忍	

編號	韻紐	切語	聲紐	清濁	聲值	等呼	韻值	備註
	齳	魚吻						
	抎	云粉						
	⿺走囷	丘粉						

上聲隱第十九

編號	韻紐	切語	切語上字系聯：聲紐	清濁	聲值	切語下字系聯：等呼	韻值	備註
	隱	於謹						
	謹	居隱						
	⿰角秦	仄謹						
	䞭	丘謹						
	近	其謹						
	齔	初謹						
	听	牛謹						

上聲 阮第二十

編號	韻紐	切語	切語上字 聲紐	切語上字 清濁	切語上字 聲值	切語下字 等	切語下字 呼	切語下字 韻值	聯系
	阮	虞遠							
	遠	雲阮							
	偃	於幰							
	建	居偃							
	寋	其偃							
	言	去偃							
	言	語偃							
	幰	虛偃							
	晚	無遠							

備註

編號	韻紐	切語	切語上字	切語下字	系聯	聲紐	清濁	聲值	等	呼	韻值	備註
	反	府遠										
	登	求晚										
	婉	於阮										
	䅌	去阮										
	晅	況晚										
	飯	扶晚										

上聲　混第二十一

編號	韻紐	切語	切語上字	切語下字	系聯	聲紐	清濁	聲值	等	呼	韻值	備註
	混	胡本										
	栩	普本										
	忖	倉本										

剸	穩	囤	鱒	鯀	畽	閫	怨	獖	懣	⿰火內	緫
兹損	烏本	徒損	才本	古本	他袞	苦本	盧本	蒲本	模本	乃本	虛本

上聲　很第二十二

編號	韻紐	切語	切語上字系聯 聲紐	清濁	聲值	等	呼	韻值	切語下字系聯	備註
	很	胡墾								
	墾	康很								
	頣	古很								

上聲　旱第二十三

編號	韻紐	切語	切語上字系聯 聲紐	清濁	聲值	等	呼	韻值	切語下字系聯	備註
	旱	胡笴								
	亶	多旱								
	坦	他但								

韻紐	切語	聲紐	清濁	聲值	等	呼	韻值	聯系	備註
但	徒旱								
瓚	藏旱								
笴	古旱								
嬾	落旱								
侃	空旱								
罕	呼旱								
[illegible]	作旱								

上聲 緩第二十四

編號	韻紐	切語	切語上字 聲紐	清濁	聲值	切語下字 等	呼	韻值	聯系	備註
	緩	胡管								
	短	都管								
	椀	烏管								

疃	算	管	卵	款	煖	纂	伴	滿	粄	鄹	斷	攤	坢			
吐緩	蘇管	古滿	盧管	苦管	乃管	作管	蒲旱	莫旱	博管	辝纂	徒管	奴但	普伴			

上聲 潸第二十五

編號	紐韻	切語	切語上字：聲紐	切語上字：清濁	切語上字：聲值	切語下字：等	切語下字：呼	切語下字：韵值	聯系	備註
	潸	數板								
	綰	烏板								
	版	布綰								
	酢	側板								
	赧	奴板								
	僩	下赧								
	睆	戶板								
	阪	扶板								
	矕	武板								
	𪘨	士板								
	齗	五板								
	㹽	初板								
	眅	普板								
	撰	雛鯇								

上聲 產第二十六

編號	韻紐	切語	聲紐	清濁	聲值	等	呼	韻值	切語上字系聯	切語下字系聯	備註
	產	所簡									
	限	胡簡									
	[illegible]	武簡									
	簡	古限									
	剗	初限									
	棧	士限									
	眼	五限									
	醆	阻限									
	[illegible]	初綰									
	[illegible]	起限									

上聲　銑第二十七

編號										
韻紐	銑	腆	典	蝘	殄	繭	峴	顯	𢹂	撚
切語	蘇典	他典	多殄	於殄	徒典	古典	胡典	呼典	彌殄	乃殄
切語上字 聲紐										
切語上字 清濁										
切語上字 聲值										
切語下字 等										
切語下字 呼										
切語下字 韻值										
系聯										
備註										

編號	韻紐	切語	切語上字 聲紐	清濁	聲值	切語下字 等	呼	韻值	系聯	備註
	編	方典								
	泫	胡畎								
	ㄑ	姑泫								
	辮	薄泫								
	犬	苦泫								
	窒	牽繭								
	齞	研峴								

上聲 獮第二十八

編號	韻紐	切語	切語上字 聲紐	清濁	聲值	切語下字 等	呼	韻值	系聯	備註
	獮	息淺								
	演	以淺								
	淺	[illegible]								

膞	褊	緬	辯	件	齴	輦	縒	蹨	翦	善	蹇	遣	闡	淺	趁	聴	展
子兗	方緬	彌兗	符蹇	其輦	魚蹇	力展	徐翦	人善	即淺	常演	九輦	去演	昌善	七演	尼展	旨善	知演

字	反切
雋	祖兗
辡	方免
兗	以轉
臠	力兗
轉	陟兗
卷	居轉
圈	渠篆
輭	而兗
舛	昌兗
膞	市兗
篆	持兗
剸	旨兗
選	思兗
撰	士免
蜎	狂兗
蠉	香兗
楩	符善
[illegible]	[illegible]

編號	韻紐	切語	聲紐	清濁	聲值	等呼	韻值	系聯	備註
	搌	丑善							
	鴘	披免							
	僢	式善							
	㫃	於蹇							
	邅	除善							
	棧	士免							

上聲 篠第二十九

編號	韻紐	切語	切語上字 聲紐	清濁	聲值	切語下字 等呼	韻值	系聯	備註
	篠	先鳥							
	皎	古了							
	鳥	都了							
	了	盧鳥							

上聲 小第三十

韻	切語	切語上字切語下字系聯	聲紐	清濁	聲值	等	呼	韻值	備註
朓	土了								
鐃	馨皛								
杳	烏晈								
嬲	奴鳥								
皛	胡了								
窱	徒了								
磽	苦晈								
湫	子了								
小	私兆								

沼	夭	[illegible]	少	擾	摽	麨	縹	眇	紹	矯	表	褾	藨	鷕	悄	勦	蹻
之少	於兆	丑小	書沼	而沼	苻少	尺沼	敷沼	亡沼	市沼	居夭	陂矯	方小	平表	以沼	親小	子小	巨夭

編號	韻紐	切語
	繚	力小
	麃	滂表
	闄	於小

上聲 巧第三十一

編號	韻紐	切語	切語上字	切語下字系聯	聲紐	清濁	聲值	等	呼	韻值	備註
	巧	苦絞									
	澩	下巧									
	飽	博巧									
	獿	奴巧									
	卯	莫飽									
	絞	古巧									
	爪	側絞									

韻紐	切語	切語上字 聲紐	清濁	聲值	切語下字 等	呼	韻值	聯系	備註
鮑	薄巧								
齩	五巧								
齹	士絞								
煼	初爪								
獠	張絞								
数	山巧								

上聲　晧第三十二

編號	韻紐	切語	切語上字 聲紐	清濁	聲值	切語下字 等	呼	韻值	聯系	備註
	晧	胡老								
	抱	薄浩								
	老	盧晧								

討	道	𠤱	嫂	倒	草	早	皁	暠	好	蓩	寶	襖	考	積
他浩	徒晧	奴晧	蘇老	都晧	采老	子晧	昨早	古老	呼晧	武道	博抱	烏晧	苦浩	五老

上聲 哿第三十三

編號	韻紐	切語	切語上字 聲紐	切語上字 清濁	切語上字 聲值	切語下字 等	切語下字 呼	切語下字 韻值	系聯	備註
	哿	古我								
	瑳	千可								
	䩪	丁可								
	縒	蘇可								
	爹	徒可								
	我	五可								
	袉	吐可								
	榀	來可								
	橠	奴可								
	荷	胡可								
	吹	虛我								
	可	枯我								
	閜	烏可								

左	臧可

上聲 果第三十四

編號									
韻紐	果	埵	鎖	墮	妥	麼	坐	[illegible]	
切語	古火	丁果	蘇果	徒果	他果	亡果	徂果	五果	
切語上字切語下字系聯 聲紐									
清濁									
聲值									
等呼									
韻值									
聯									
備註									

上聲 馬第三十五

編號													
韻紐					[illegible]	脞	爸	顆	火	禍	叵	跛	[illegible]
切語					作可	倉果	捕可	苦果	呼果	胡果	普火	布火	奴果
切語上字 聲紐													
切語上字 清濁													
切語上字 聲值													
切語下字 等													
切語下字 呼													
切語下字 韻值													
聯系													
備註													

馬	莫下
者	章也
野	羊者
雅	五下
檟	古疋
灑	砂下
啞	烏下
灺	徐野
下	胡雅
寫	悉姐
䶋	鉏瓦
乜	彌也
且	七也
閜	許下
社	常者
跒	苦下
跁	傍下

把	踝	寡	瓦	若	鮓	觰	槎	奲	䋾	䋈	髁	䂳	䅊	蓌	奼	藞
博下	胡瓦	古瓦	五寡	人者	側下	都賈	士下	昌者	竹下	奴下	苦瓦	又瓦	丑寡	沙瓦	丑下	盧下

上聲　養第三十六

編號	韻紐	切語	切語上字 聲紐	切語上字 清濁	切語上字 聲值	切語下字 等	切語下字 呼	切語下字 韻值	系聯	備註
	養	餘兩								
	像	徐兩								
	獎	即兩								
	兩	良獎								
	鞅	於兩								
	勥	其兩								
	仰	魚兩								
	磢	初兩								
	想	息兩								

上	長	搶	怳	往	枉	昉	网	髣	賞	壤	獷	昶	丈	繈	敞	響	[illegible]
時掌	知丈	七兩	許昉	于兩	紆往	分网	文兩	妃兩	書兩	如兩	居往	丑兩	直兩	居兩	昌兩	許兩	[illegible]

編號	韻紐	切語上字	切語下字	系	聲紐 清濁	聲值	等呼	韻值	聯	備註
	俇	求	往							
	臩	俱	往							
	[illegible]	毗	養							
	[illegible]	初	丈							

上聲蕩第三十七

編號	韻紐	切語上字	切語下字	系	聲紐 清濁	聲值	等呼	韻值	聯	備註
	蕩	徒	朗							
	顙	蘇	朗							
	廣	古	晃							
	榜	北	朗							
	駔	子	朗							
	曩	奴	朗							

[illegible]	曭	莽	黨	朗	坱	慷	汪	晃	髈	慌	⿰齒亢	⿰馬卬	奘	蒼	汻	懬
[illegible]	他朗	模朗	多朗	盧黨	烏朗	苦朗	烏晃	胡廣	匹朗	呼晃	各朗	五朗	徂朗	麁朗	呼朗	丘晃

上聲 梗第三十八

編號	韻紐	切語	聲紐	清濁	聲值	等	呼	韻值	聯	備註
	梗	古杏								
	丙	兵永								
	警	居影								
	影	於丙								
	省	所景								
	永	于憬								
	克	許永								
	皿	武永								
	憬	俱永								
	杏	何梗								

上聲 耿第三十九

礦	浜	盯	瑒	瞢	打	冷	卝	鮩	界	檸
古猛	布梗	張梗	徒杏	烏猛	德冷	魯打	呼瞢	蒲猛	苦礦	拏梗

編號	韻紐	切語	切語上字系聯 聲紐	清濁	聲值	等呼	韻值	切語下字系聯	備註
	耿	古幸							
	䁅	武幸							
	幸	胡耿							
	傡	蒲幸							
	皏	普幸							

上聲靜第四十

編號	韻紐	切語	切語上字系聯 聲紐	清濁	聲值	等呼	韻值	切語下字系聯	備註
	靜	疾郢							
	整	之郢							
	逞	丑郢							
	郢	以整							

上聲　迥第四十一

痙	穎	領	頸	餅	頃	井	癭	請	省	眳	裎
巨郢	餘頃	良郢	居郢	必郢	去穎	子郢	於郢	七靜	息井	亡井	丈井

編號	韻紐	切語	切語上字 聲紐	清濁	聲值	等呼	韻值	切語下字系聯	備註
	迥	戶頂							
	熲	古迥							
	茗	莫迥							
	頂	都挺							
	挺	徒鼎							
	珽	他鼎							
	汫	徂醒							
	濙	烏迥							
	謦	去挺							
	顊	乃挺							
	婞	胡頂							
	醒	蘇挺							
	鞞	補鼎							
	褧	口迥							
	剄	古挺							
	頩	匹迥							

上聲　拯第四十二

編號	韻紐	切語	切語上字：聲紐	切語上字：清濁	切語上字：聲值	切語下字：等	切語下字：呼	切語下字：韻值	系聯	備註
	拯	無韻切 音蒸上聲								
	庱	丑拯								
	殑	其拯								
	殅	色庱								

	笭	力鼎							
	竝	蒲迥							
	詗	火迥							
	⿰目巠	五剄							

上聲 等第四十三

編號	韵紐	切語	切語上字 聲紐	清濁	切語下字 聲值	等呼	韵值	系聯
	等	多肯						
	倗	普等						
	肯	苦等						
	能	奴等						

備註

上聲 有第四十四

編韵切	切語上字	切語下字	系

備註

受	酉	紂	舅	蹂	糗	缶	婦	湫	醜	首	久	朽	肘	丑	狃	柳
殖酉	與久	除柳	其九	人九	去久	方久	房久	在九	昌九	書九	舉有	許久	陟柳	敕久	女久	力久

上聲 厚第四十五

編韻切	切語上字	切語下字系	備註
滫 息有			
䬀 於柳			
酒 子酉			
溲 踈有			
帚 之九			
怌 芳否			
掫 側九			
𥢆 士九			
𩋡 初九			
秠 芳婦			

- 母 莫厚
- 部 蒲口
- 斗 當口
- 黈 天口
- 苟 古厚
- 藕 五口
- 掊 方垢
- 㝅 乃后
- 叜 蘇后
- 吼 呼后
- 剖 普后
- 歐 烏后
- 塿 郎斗
- 走 子苟
- 口 苦后
- 蕍 徒口
- 鯫 仕垢

韻紐	切語	聲紐	清濁	聲值	等	呼	韻值	切語下字系聯	備註
趣	倉苟								

上聲　黝第四十六

編號	韻紐	切語	切語上字 聲紐	清濁	聲值	等	呼	韻值	切語下字系聯	備註
	黝	於糾								
	糾	居黝								
	蟉	渠黝								

上聲　寑第四十七

編號	韻紐	切語	切語上字	切語下字系聯	備註

朕	坅	廩	罧	踸	醋	荏	枕	沈	葚	甚	瀋	墋	拰	噤	錦	蕈
直稔	丘甚	力稔	斯甚	丑甚	子朕	如甚	章荏	式任	食荏	常枕	昌枕	初朕	尼凜	渠飲	居飲	慈荏

上聲　感第四十八

編韻	切	切語上字	切語下字	系	備註
僸	牛錦				
㾕	踈錦				
稟	筆錦				
㱃	於錦				
品	丕飲				
顩	欽錦				
廞	許錦				
戡	張甚				
潭	以荏				
頋	士㾕				

感	禫	晻	腩	襑	歜	慘	顉	昝	糂	坎	頷	壈	黕	顑
古禫	徒感	烏感	奴感	他感	徂感	七感	五感	子感	桑感	苦感	胡感	盧感	都感	呼唵

上聲 敢第四十九

編號	韻紐	切語	切語上字聲紐	清濁	聲值	等呼	韻值	切語下字系聯	備註
	敢	古覽							
	灡	賞敢							
	覽	盧敢							
	菼	吐敢							
	膽	都敢							
	噉	徒敢							
	黲	倉敢							
	㜗	謨敢							
	䭕	子敢							
	槧	才敢							
	喊	呼覽							
	埯	烏敢							
	[illegible]	口敢							

上聲 琰第五十

編號	韻紐	切語	切語上字：聲紐	切語上字：清濁	切語上字：聲值	切語下字：等	切語下字：呼	切語下字：韻值	聯系	備註
	琰	以冉								
	斂	良冉								
	險	虛檢								
	貶	方斂								
	颭	占琰								
	預	丘檢								
	顩	魚檢								
	儉	巨險								
	檢	居奄								
	黶	於琰								

上聲 忝第五十一

編號	韻紐	切語	切語上字 聲紐	清濁	聲值	等	呼	韻值	切語下字系聯	備註
	冉	而琰								
	陝	失冉								
	諂	丑琰								
	奄	衣儉								
	漸	慈染								
	憸	七漸								
	[illegible]	子冉								
	脥	謙琰								
	剡	時染								

上聲　儼第五十二

編號	韻紐	切語	聲紐	清濁	聲值	等呼	韻值	系聯	備註
	儼	魯掩							
	[illegible]	明忝							
	嬐	兼玷							
	憯	青忝							
	鼸	胡忝							
	稴	力忝							
	嗛	苦簟							
	簟	徒玷							
	點	多忝							
	淰	乃玷							

編號	韻紐	切語	聲紐	清濁	聲值	等	呼	韻值	聯系	備註
	欿	丘广								
	埯	於广								

上聲　豏第五十三

編號	韻紐	切語	切語上字 聲紐	清濁	聲值	切語下字 等	呼	韻值	系聯	備註
	豏	下斬								
	偡	徒減								
	[illegible]	苦減								
	鹼	古斬								
	毚	士減								
	臉	力減								
	斬	側減								
	[illegible]	初減								

上聲 檻第五十四

編號	韻紐	切語	切語上字：聲紐	切語上字：清濁	切語上字：聲值	切語下字：等	切語下字：呼	切語下字：韻值	聯系	備註
	檻	胡黤								
	䫡	丘檻								
	摲	山檻								
	黤	於檻								
	醶	初檻								

㺝	荒檻
巉	仕檻

上聲　范第五十五

編號	韻紐	切語	切語上字聲紐	清濁	聲值	等	呼	韻值	切語下字系聯	備註
	范	防錽								
	錽	亡范								
	腇	府犯								
	凵	丘犯								
	釩	峯犯								
	[亻+闆]	丑犯								

去聲 送第一

編號	韵紐	切語	切語上字 聲紐	清濁	聲值	切語下字 等	呼	韵值	聯系	備註
	送	蘇弄								
	鳳	馮貢								
	貢	古送								
	弄	盧貢								
	凍	多貢								
	控	苦貢								
	糉	作弄								
	瓮	烏貢								
	謥	千弄								
	洞	徒弄								
	痛	他貢								
	仲	直衆								
	諷	方鳳								
	焪	去仲								

㝱	⿺走臭	幪	趥	賵	⿰聚殳	中	哄	齈	衆	銃	⿰崇刂	烘
莫鳳	香仲	莫弄	子仲	撫鳳	徂送	陟仲	胡貢	奴凍	之仲	充仲	仕仲	呼貢

去聲　宋第二

編號					
韻紐	宋	綜	統	雺	䃔
切語	蘇統	子宋	他綜	莫綜	乎宋
切語上字：聲紐					
切語上字：清濁					
切語上字：聲值					
切語下字：等					
切語下字：呼					
切語下字：韻值					
系聯					
備註					

去聲　用第三

編號	
韻紐	用
切語	余頌
切語上字：聲紐	
切語上字：清濁	
切語上字：聲值	
切語下字：等	
切語下字：呼	
切語下字：韻值	
系聯	
備註	

頌	俸	共	葑	供	雍	湩	縱	踵	𩋡	種	重	朧	恐	從	𢪱
似用	扶用	渠用	方用	居用	於用	竹用	子用	丑用	而用	之用	柱用	良用	區用	疾用	穠用

去聲　絳第四

編號	韻紐	切語	切語上字 聲紐	清濁	聲值	切語下字 等	呼	韻值	聯系	備註
	絳	古巷								
	巷	胡絳								
	戇	陟降								
	䡴	直絳								
	替	丑絳								
	漴	士絳								
	胮	匹絳								
	稯	楚絳								
	淙	色絳								

去聲 寘第五

編號	韻紐	切語	切語上字 聲紐	清濁	聲值	切語下字 等呼	韻值	系聯	備註
	寘	支義							
	避	毗義							
	惴	之睡							
	詈	力智							
	豉	是義							
	積	子智							
	賜	斯義							
	爲	于僞							
	瞡	詭僞							
	帔	披義							
	賁	彼義							
	髲	平義							
	累	良僞							

臂 卑義
芰 奇寄
刺 七賜
易 以豉
議 宜寄
譬 匹賜
漬 疾智
智 知義
倚 於義
縋 馳僞
吹 尺僞
戲 香義
企 去智
縊 於賜
翅 施智
屣 所寄
觖 窺瑞

餧 於僞
僞 危睡
毀 況僞
恚 於避
睡 是僞
䮀 居企
䄲 而瑞
㚇 充豉
䅗 思累
娷 竹恚
瓗 以睡
諉 女恚
瞡 規恚
䘂 爭義
孈 呼恚
𡰝 卿義

去聲 至第六

編號	韻紐	切語	聲紐	清濁	聲值	等	呼	韻值	系聯	備註
	至	脂利								
	位	于愧								
	郿	明祕								
	遂	徐醉								
	醉	將遂								
	邃	雖遂								
	類	力遂								
	祕	兵媚								
	匱	求位								
	濞	匹備								
	備	平祕								
	媿	俱位								

帥	喟	稸	嗜	利	膩	屁	劓	致	棄	緻	寐	屎	糞	臮	悸	翠	二
所類	丘愧	許位	常利	力至	女利	匹寐	魚器	陟利	詰利	直利	彌二	丑利	儿利	具冀	其季	七醉	[illegible]

遺	出	墜	自	示	肄	齂	地	萃	痹	瞲	鼻	季	器	四	懿	次	恣
以醉	尺類	直類	疾二	神至	羊至	虛器	徒四	秦醉	必至	香季	毗至	居悸	去冀	息利	乙冀	七四	資四

侐	轛	痓	屍	皷	痳
火季	追萃	充自	矢利	楚愧	釋類

去聲　志第七

編號					
韻紐	志	值	寺	[illegible]
切語	職吏	直吏	祥吏	七吏
切語上字 聲紐				
清濁				
聲值				
切語下字 等				
呼				
韻值				
系聯				
備註				

憙	記	意	熾	忌	事	侍	置	異	廁	駛	餌	眙	字	吏	胾	試	笥
許記	居吏	於記	昌志	渠記	鉏吏	時吏	陟吏	羊吏	初吏	踈吏	仍吏	丑吏	疾置	力置	側吏	式吏	相吏

韻紐	切語				
魕	魚記				
亟	去吏				

去聲 未第八

編號	韻紐	切語	切語上字（聲紐・清濁・聲值）	切語下字（等・呼・韻值・系聯）	備註
	未	無沸			
	貴	居胃			
	胃	于貴			
	魏	魚貴			
	沸	方味			
	費	芳未			
	毇	丘畏			
	[illegible]	[illegible]			

編號												
韻紐	諱	鬻	旣	毅	氣	欷	⿰酉幾	衣				
切語	許貴	扶涕	居豙	魚旣	去旣	許旣	其旣	於旣				
切語上字 聲紐												
切語上字 清濁												
切語上字 聲值												
切語下字 等												
切語下字 呼												
切語下字 韻值												
聯系												
備註												

去聲　御第九

編號		
韻紐	御	慮
切語	牛倨	良倨
切語上字 聲紐		
切語上字 清濁		
切語上字 聲值		
切語下字 等		
切語下字 呼		
切語下字 韻值		
聯系		
備註		

攄	覷	㰦	署	恕	著	翥	疏	飫	箸	遽	絮	助	怚	詛	洳	豫	噓
居御	七慮	近倨	常恕	商署	陟慮	章恕	所去	依倨	遲倨	其據	息據	牀據	將預	莊助	人恕	羊洳	許御

去聲 遇第十

編號						
韻紐	遇	嫗	楚	處	絮	屐
切語	牛具	衣遇	瘡據	昌據	抽據	徐預
切語上字 聲紐						
切語上字 清濁						
切語上字 聲值						
切語下字 等						
切語下字 呼						
切語下字 韻值						
系聯						
備註						

樹	常句
住	持遇
附	符遇
注	之戍
屨	九遇
眗	香句
戍	傷遇
裕	羊戍
孺	而遇
赴	芳遇
務	亡遇
緅	子句
懼	其遇
芋	王遇
埾	才句
捒	色句
付	方遇

去聲　暮第十一

編號				
韻紐	暮	渡	路	妒
切語	莫故	徒故	洛故	當故
切語上字 聲紐				
切語上字 清濁				
切語上字 聲值				
切語下字 等				
切語下字 呼				
切語下字 韻值				
聯系				
備註				

驅	菆	[illegible]	尠	屢				
區遇	芻注	丑注	思句	良遇				

菟 湯故
顧 古暮
誤 五故
護 胡誤
訴 桑故
祚 昨誤
笯 乃故
布 博故
汙 烏路
怖 普故
厝 倉故
絝 苦故
捕 薄故
謼 荒故
作 臧祚

去聲　霽第十二

編號	韻紐	切語	切語上字 聲紐	切語上字 清濁	切語上字 聲值	切語下字 等	切語下字 呼	切語下字 韻值	聯系	備註
	霽	子計								
	帝	都計								
	嚌	在詣								
	替	他計								
	第	特計								
	砌	七計								
	細	蘇計								
	詣	五計								
	計	古詣								
	蒵	胡計								
	契	苦計								
	翳	於計								
	謎	莫計								

去聲 祭第十三

編韻切	切語上字	切語下字	系	備註

	閉	慧	桂	嘒	媲	薜	麗	遾	泥	欪
切語	博計	胡桂	古惠	呼惠	匹詣	蒲計	郎計	丑戾	奴計	呼計

歲	相銳
衛	于歲
芮	而銳
贅	之芮
啐	山芮
毳	此芮
銳	以芮
綴	陟衛
稅	舒芮
獘	毗祭
毳	楚稅
篲	祥歲
蔽	必袂
劌	居衛
袂	彌獘
憏	所例
掣	尺制

制	征例
逝	時制
曳	餘制
緆	於罽
藝	魚祭
滯	直例
例	力制
憩	去例
世	舒制
猘	居例
瘵	竹例
偈	其憩
啜	嘗芮
跇	丑例
錣	除芮
劓	牛例
蕝	子芮

去聲　泰第十四

編號	韻紐	切語	切語上字 聲紐	切語上字 清濁	切語上字 聲值	切語下字 等	切語下字 呼	切語下字 韻值	系聯	備註
	泰	他蓋								
	蓋	古太								
	艾	五蓋								
	藹	於蓋								
	柰	奴帶								
	大	徒蓋								
	害	胡蓋								
	帶	當蓋								

	[illegible]	丘吠
	[illegible]	呼吠

貝	霈	會	兊	儈	最	⿰言歲	⿰禾會	酹	外	祋	懀	蕞	⿰石最	襊	旆	磕	蔡
博蓋	普蓋	黃外	杜外	古外	祖外	呼會	苦會	郎外	五會	丁外	烏外	才外	先外	麤最	蒲蓋	苦蓋	倉大

賴	餀	娧	眛	嘬
落蓋	呼艾	他外	莫貝	七外

去聲 卦第十五

編號					
韻紐	卦	懈	隘	邂	賣
切語	古賣	古隘	烏懈	胡懈	莫懈
切語上字 聲紐					
切語上字 清濁					
切語上字 聲值					
切語下字 等					
切語下字 呼					
切語下字 韻值					
系聯					
備註					

畫	胡卦
差	楚懈
睚	五懈
謑	火懈
庍	方卦
粺	傍卦
[illegible]	七懈
派	匹卦
債	側賣
[illegible]	苦賣
囇	所賣
諣	呼卦
[illegible]	方賣
膪	竹賣

去聲　怪第十六

編號	韻紐	切語	切語上字 聲紐	切語上字 清濁	切語上字 聲值	切語下字 等	切語下字 呼	切語下字 韻值	聯系	備註
	怪	古壞								
	噫	烏界								
	瘵	側界								
	誡	古拜								
	褹	女介								
	譮	許介								
	械	胡介								
	聵	五介								
	蒯	苦怪								
	𢷎	博怪								
	湃	普拜								
	壞	胡怪								
	瞶	五怪								
	憊	蒲拜								

編號	韻紐	切語	切語上字	切語下字系聯	聲紐	清濁	聲值	等呼	韻值	備註
	昒	莫拜								
	𧰹	火怪								
	鎩	所拜								
	烗	苦戒								
	顡	他怪								

去聲　夬第十七

編號	韻紐	切語	切語上字	切語下字系聯	聲紐	清濁	聲值	等呼	韻值	備註
	夬	古賣								
	快	苦夬								
	邁	莫話								
	話	下快								
	敗	薄邁								

				㰤	寨	啐	敗	咶	譪	鮽	㗨	喝	蠆	犗	嘬	䵳
				何犗	犲夬	倉夬	補邁	火夬	火犗	除邁	所犗	於犗	丑犗	古喝	楚夬	烏快

去聲　隊第十八

編號	韻紐	切語	切語上字系 聲紐	清濁	聲值	等	切語下字系 呼	韻值	聯系	備註
	隊	徒對								
	佩	蒲昧								
	妹	莫佩								
	配	滂佩								
	誨	荒內								
	對	都隊								
	倅	士內								
	晬	子對								
	[illegible]	烏繢								
	退	他內								
	憒	古對								
	潰	胡對								
	塊	苦對								
	碎	蘇內								

編號	韻紐	切語	聲紐	清濁	聲值	等	呼	韻值	系聯	備註
	內	奴對								
	纇	盧對								
	背	補妹								
	磑	五對								
	蚚	胡輩								

去聲 代第十九

編號	韻紐	切語	切語上字：聲紐	切語上字：清濁	切語上字：聲值	切語下字：等	切語下字：呼	切語下字：韻值	系聯	備註
	代	徒耐								
	載	作代								
	穲	莫代								
	賽	先代								
	貸	他代								

去聲 廢第二十

編											
韵	漑	慨	礙	愛	瀣	耐	戴	賚	菜	載	儗
切	古代	苦蓋	五漑	烏代	胡槩	奴代	都代	洛代	倉代	昨代	海愛
切語上字											
切語下字											
系											
備註											

韻紐	切語
肺	方廢
穢	於廢
吠	符廢
喙	許穢
[illegible]	渠穢
刈	魚肺

去聲 震第二十一

編號	韻紐	切語	切語上字 聲紐	切語上字 清濁	切語上字 聲值	切語下字 等呼	切語下字 韻值	系聯	備註
	震	章刃							
	信	息晉							
	刃	而振							

胤	遴	儐	敶	慎	胂	菣	賮	憖	晉	衅	鎮	僅	櫬	印	疢	朩
羊晉	良刃	必刃	直刃	時刃	試刃	去刃	徐刃	魚覲	即刃	許覲	陟刃	渠遴	初覲	於刃	丑刃	匹刃

去聲 稕第二十二

編號							
韵紐	稕	陖	殉	儁	舜	閏	順
切語	之閏	私閏	辭閏	子峻	舒閏	如順	食閏
切語上字 聲紐							
切語上字 清濁							
切語上字 聲值							
切語下字 等							
切語下字 呼							
切語下字 韵值							
系聯							
備註							

呴 九峻

去聲　問第二十三

編號	韻紐	切語	切語上字：聲紐	切語上字：清濁	切語上字：聲值	切語下字：等呼	切語下字：韻值	系聯	備註
	問	亡運							
	運	王問							
	訓	許運							
	湓	匹問							
	糞	方問							
	醞	於問							
	攈	居運							
	郡	渠運							
	分	扶問							

去聲 焮第二十四

編號	韻紐	切語	切語上字 聲紐	清濁	聲值	切語下字 等	呼	韻值	聯系	備註
	焮	香靳								
	靳	居焮								
	近	巨靳								
	隱	於靳								
	垽	吾靳								

去聲 願第二十五

編號	韻紐	切語	切語上字 聲紐	清濁	聲值	切語下字 等	呼	韻值	聯系	備註

願	魚怨
怨	於願
販	方願
券	去願
万	無販
飯	符万
嬔	芳万
建	居万
堰	於建
獻	許建
楥	虛願
健	渠建
[illegible]	芳万
遠	于願
甗	語堰
圈	臼万
孿	居願

去聲　慁第二十六

編號	韻紐	切語	切語上字：聲紐	切語上字：清濁	切語上字：聲值	切語下字：等呼	切語下字：韻值	系聯	備註
	慁	胡困							
	頓	都困							
	巽	蘇困							
	困	苦悶							
	嫩	奴困							
	搵	烏困							
	悶	莫困							
	鐏	徂悶							
	睔	古困							
	噴	普悶							

韻紐	切語
鈍	徒困
寸	倉困
坌	蒲悶
顐	五困
論	盧困
奔	甫悶
惛	呼悶
焌	子寸

去聲　恨第二十七

編號	韻紐	切語	切語上字系聯			切語下字系聯			備註
			聲紐	清濁	聲值	等呼	韻值	聯	
	恨	胡艮							
	艮	古恨							
	皚	五恨							

去聲　翰第二十八

編號									
韻紐	翰	炭	按	旦	憚	旰	岸	侃	漢
切語	侯旰	他旦	烏旰	得按	徒案	古案	五旰	苦旰	呼旰
切語上字 聲紐									
切語上字 清濁									
切語上字 聲值									
切語下字 等									
切語下字 呼									
切語下字 韻值									
系聯									
備註									

	爛	郎旰			
	攤	奴案			
	粲	蒼案			
	繖	蘇旰			
	賛	則旰			
	㜺	祖賛			

去聲 換第二十九

編號	韻紐	切語	切語上字系聲紐	清濁	聲值等呼	切語下字系韻值	聯	備註
	換	胡玩						
	穳	子筭						
	惋	烏貫						
	貫	古玩						

竄	七亂
玩	五換
段	徒玩
亂	郎段
鍛	丁貫
彖	通貫
喚	火貫
筭	蘇貫
縵	莫半
半	博慢
判	普半
叛	薄半
偄	奴亂
攢	在玩
歀	口喚

去聲 諫第三十

編號	韻紐	切語	切語上字聲紐	清濁	切語下字聲值	等呼	韻值	系聯	備註
	諫	古晏							
	鴈	五晏							
	晏	烏澗							
	訕	所晏							
	骬	下晏							
	慢	謨晏							
	綰	烏患							
	患	胡慣							
	慣	古患							
	孿	生患							
	篡	初患							
	薍	五患							
	棧	士諫							

編號	韻紐	切語	聲紐	清濁	聲值	等	呼	韻值	系聯	備註
	襻	普患								
	奻	女患								
	羼	初鴈								
	㬇	丑晏								

去聲 襇第三十一

編號	韻紐	切語	切語上字：聲紐	切語上字：清濁	切語上字：聲值	切語下字：等	切語下字：呼	切語下字：韻值	系聯	備註
	襇	古莧								
	莧	侯襇								
	瓣	蒲莧								
	盼	匹莧								
	幻	胡辦								
	蔄	亡莧								

編號	韻紐	切語	切語上字系聯/聲紐	清濁	切語下字系聯/聲值	等呼	韻值	備註
	袒	丈莧						
	扮	晡幻						
	鰥	古幻						

去聲 霰第三十二

編號	韻紐	切語	切語上字系聯/聲紐	清濁	切語下字系聯/聲值	等呼	韻值	備註
	霰	蘇佃						
	蒨	倉甸						
	絢	許縣						
	縣	黃練						
	晛	古縣						
	電	堂練						
	瑱	他甸						

見	古電
晛	奴甸
俔	苦甸
見	胡甸
硯	吾甸
宴	於甸
薦	作甸
麪	莫甸
片	普麪
荐	在甸
䬼	烏縣
殿	都甸
韅	呼甸

去聲　線第三十三

編號	韵紐	切語	切語上字 聲紐	清濁	聲值	等呼	韵值	切語下字系聯	備註
	線	私箭							
	戰	之膳							
	繕	時戰							
	彥	魚變							
	譴	去戰							
	絹	吉掾							
	瑗	王眷							
	面	彌箭							
	釧	尺絹							
	掾	以絹							
	䮰	陟扇							
	嘌	人絹							
	箭	子賤							

躽	眷	倦	戀	猭	變	篹	縓	卞	漩	選	籑	孨	傳	賤	羨	騗
於扇	居倦	渠卷	力卷	丑戀	彼眷	所眷	七絹	皮變	辝戀	息絹	七戀	莊眷	直戀	才線	似面	匹戰

去聲 嘯第三十四

編										
韻	擅	輾	囀	衍	便	邅	[illegible]	[illegible]	剸	徧
切	時釧	女箭	知戀	于線	婢面	持碾	連彥	區倦	之囀	方見
切語上字										
切語下字										
系										
備註										

去聲 笑第三十五

編號										
韻紐	糶	弔	叫	尿	藋	竅	顟	顤	窔	歗
切語	他弔	多嘯	古弔	奴弔	徒弔	苦弔	力弔	五弔	烏叫	火弔
切語上字 聲紐										
切語上字 清濁										
切語上字 聲值										
切語下字 等										
切語下字 呼										
切語下字 韻值										
聯系										
備註										

笑	私妙
照	之少
燿	弋照
要	於笑
召	直照
邵	寔照
嶠	渠廟
剽	匹妙
噍	才笑
妙	彌笑
陗	七肖
尞	力照
趬	丘召
䖬	牛召
醮	子肖
廟	眉召
驃	毗召

編號	韻紐	切語	聲紐	清濁	聲值	等	呼	韻值	聯系	備註
	少	失照								
	朓	丑召								
	裱	方廟								
	翹	巨要								
	饒	人要								

去聲

效第三十六

編號	韻紐	切語	切語上字：聲紐	切語上字：清濁	切語上字：聲值	切語下字：等	切語下字：呼	切語下字：韻值	聯系	備註
	效	胡教								
	教	古孝								
	孝	呼教								
	罩	都教								
	豹	北教								
	敲	苦教								

去聲　号第三十七

皃	莫教
奅	匹皃
趠	丑教
稍	所教
棹	直教
橈	奴教
抓	側教
靤	防教
抄	初教
靿	於教
樂	五教
巢	七稍

號	紐	語	聲紐	清濁	聲值	等	呼	韻值	聯	備註
	号	胡到								
	導	徒到								
	到	都導								
	誥	古到								
	傲	五到								
	冃	莫報								
	嫪	郎到								
	操	七到								
	暴	薄報								
	報	愽秏								
	漕	在到								
	奥	烏到								
	喿	蘇到								
	鎬	苦到								
	竈	則到								
	秏	呼到								

腝	那到							

去聲　箇第三十八

編號	韻紐	切語	切語上字 聲紐	清濁	聲值	切語下字 等呼	韻值	聯系	備註
	箇	古賀							
	賀	胡箇							
	佐	則箇							
	跢	丁佐							
	邏	郎佐							
	坷	口箇							
	餓	五个							
	馱	唐佐							
	奈	奴箇							

韻紐	切語
些	蘇箇
呵	呼箇
拖	吐邏

去聲　過第三十九

編號	韻紐	切語	切語上字：聲紐	切語上字：清濁	切語上字：聲值	切語下字：等	切語下字：呼	切語下字：韻值	聯系	備註
	過	古臥								
	和	胡臥								
	挫	則臥								
	課	苦臥								
	唾	湯臥								
	播	補過								
	剉	麤臥								

磨	愞	破	座	臥	諎	貨	惰	縛	𣎆	桗	磋	[illegible]	侉	涴
摸臥	乃臥	普過	徂臥	吾貨	千過	呼臥	徒臥	符臥	魯過	都唾	七過	先臥	安賀	烏臥

去聲　禡第四十

編號	韵紐	切語	切語上字 聲紐	切語上字 清濁	切語上字 聲值	切語下字 等	切語下字 呼	切語下字 韵值	聯系	備註
	禡	莫駕								
	駕	古訝								
	亞	衣嫁								
	嚇	呼訝								
	迓	吾駕								
	詑	丑亞								
	吒	陟駕								
	詐	側駕								
	乍	鋤駕								
	謝	辝夜								
	髂	枯駕								
	暇	胡駕								
	褯	慈夜								

夜	赾	蝑	柘	唶	舍	射	霸	帊	摦	化	跨	誜	眣	胗	笡	嗄	瓜
羊謝	充夜	司夜	之夜	子夜	始夜	神夜	必駕	普駕	胡化	呼霸	苦化	所化	白駕	乃亞	遷謝	所嫁	

去聲　漾第四十一

編號	韻紐	切語	聲紐	清濁	聲值	等	呼	韻值	切語上字	切語下字	聯系	備註
	漾	餘亮										
	亮	力讓										
	狀	鋤亮										
	讓	人樣										
	餉	式亮										
	帳	知亮										
	悵	丑亮										

蛇	除駕
瓦	五化
攨	烏吳

向	仗	釀	匠	障	尚	壯	怏	弶	唱	剏	醬	軮	訪	妄	況	誑	王
許亮	直亮	女亮	疾亮	之亮	時亮	側亮	於亮	其亮	尺亮	初亮	子亮	魚向	敷亮	巫放	許訪	居況	

韻紐	切語
相	息亮
彊	居亮
唴	丘亮
蹡	七亮
狂	渠放
防	符況

去聲　宕第四十二

編號	韻紐	切語	切語上字 聲紐 清濁	切語上字 聲紐 聲值	切語下字 等	切語下字 呼	切語下字 韻值	系聯	備註
	宕	徒浪							
	浪	來宕							
	吭	下浪							

盎	烏浪
枊	五浪
葬	則浪
傍	蒲浪
藏	徂浪
譡	丁浪
抗	苦浪
螃	補曠
儻	他浪
曠	苦謗
儾	奴浪
喪	蘇浪
攩	乎曠
桄	古曠
鋼	古浪
荒	呼浪
漭	莫浪

去聲　映第四十三

編號	韻紐	切語	切語上字 聲紐	切語上字 清濁	切語上字 聲值	切語下字 等	切語下字 呼	切語下字 韻值	系聯	備註
	映	於敬								
	敬	居慶								
	競	渠敬								
	慶	丘敬								
	更	古孟								
	命	眉病								
	病	皮命								
	孟	莫更								
	蝗	戶孟								
	柄	陂病								

詠	行	瀴	瀙	倀	牚	榜	鋥	生	迎	膨	諻	宖
爲命	下更	於孟	楚敬	猪孟	他孟	北孟	除更	所敬	魚敬	蒲孟	許更	烏橫

去聲 諍第四十四

編號	韻紐	切語	切語上字 聲紐	切語上字 清濁	切語上字 聲值	切語下字 等	切語下字 呼	切語下字 韻值	系聯	備註
	諍	側迸								
	迸	北諍								
	倂	蒲迸								
	䙬	鷖迸								
	鞕	五爭								
	轟	呼迸								

去聲 勁第四十五

編號	韻紐	切語	切語上字 聲紐	切語上字 清濁	切語上字 聲值	切語下字 等	切語下字 呼	切語下字 韻值	系聯	備註
	勁	居正								

倩 七政
政 之盛
聖 式正
鄭 直正
逌 丑鄭
性 息正
令 力政
聘 匹正
夐 休正
摒 畀政
屛 防正
淨 疾政
盛 承正
諮 彌正
輕 墟正
欽 許今
精 子姓

去聲　徑第四十六

編號												
韻紐		徑	甯	腥	脛	定	矴	罄	聽	靘	鼆	鎣
切語		古定	乃定	蘇佞	胡定	徒徑	丁定	苦定	他定	千定	莫定	烏定
切語上字	聲紐											
	清濁											
	聲值											
切語下字	等											
	呼											
	韻值											
系聯												
備註												

零	郎定

去聲

證第四十七

編號 韵	紐 切語	切語上字	切語下字系	聲紐	清濁	聲值	等	呼	韵值	聯	備註
證	諸應										
孕	以證										
乘	實證										
認	而證										
應	於證										
甑	子孕										
興	許應										
勝	詩證										
[illegible]	[illegible]										

去聲 嶝第四十八

編號	韵紐	切語	切語上字 聲紐	切語上字 清濁	切語上字 聲值	切語下字 等	切語下字 呼	切語下字 韵值	系聯	備註
	嶝	都鄧								
	贈	昨亘								
	亘	古鄧								

編號	韵紐	切語	切語上字 聲紐	切語上字 清濁	切語上字 聲值	切語下字 等	切語下字 呼	切語下字 韵值	系聯	備註
	凭	皮證								
	稱	昌孕								
	凝	牛餕								
	丞	常證								
	覴	丑證								
	殑	其餕								

去聲 宥第四十九

編號									
韻紐	蹭	鄧	懵	⿱穴朋	倗	倰	增	⿸疒贈	澄
切語	千鄧	徒亘	武亘	方隥	父鄧	魯鄧	子鄧	思贈	台鄧
切語上字聲紐									
清濁									
聲值									
等									
呼									
切語下字韻值									
聯系									
備註									

僦	秀	溜	畜	富	簉	副	皺	瘦	舊	呪	齅	岫	臭	狩	晝	冑
即就	息救	力救	丑救	方副	初救	敷救	側救	所祐	巨救	職救	許救	似祐	尺救	舒救	陟救	直祐

去聲 候第五十

編韻切	驟 鋤祐	就 疾僦	糅 女救	復 扶富	狖 余救	授 承呪	輮 人又	莓 亡救	鼽 牛救	𪖙 丘救	趥 七溜
切語上字											
切語下字系											
備註											

[illegible]	[illegible]
寇	苦候
茂	莫候
仆	匹候
豆	田候
鬥	都豆
鎒	奴豆
瘷	蘇奏
奏	則候
透	他候
漚	烏候
遘	古候
輳	倉奏
陋	盧候
蔻	呼漏
䏊	蒲候
偶	五遘
剩	才奏

去聲 幼第五十一

編號	韻紐	切語	聲紐清濁	切語上字聲值	等呼	切語下字系	韻值聯	備註
	幼	伊謬						
	謬	靡幼						
	⿰⻊臭	丘謬						
	⿰⻊丩	巨幼						

去聲 沁第五十二

編號	韻紐	切語	聲紐清濁	切語上字聲值	等呼	切語下字系	韻值聯	備註

沁	七鴆
浸	子鴆
妊	汝鴆
鴆	直禁
枕	之任
[illegible]	巨禁
禁	居蔭
賃	乃禁
蔭	於禁
滲	所禁
闖	丑禁
譖	莊蔭
讖	楚譖
吟	宜禁
揕	知鴆
臨	良鴆
甚	時鴆
顤	于禁

編號	韻紐	切語	切語上字	切語下字	系聯	備註
	深	式禁				

去聲 勘第五十三

編號	韻紐	切語	切語上字 聲紐	清濁	聲值	等呼	切語下字 韻值	系聯	備註
	勘	苦紺							
	紺	古暗							
	憾	胡紺							
	暗	烏紺							
	僋	他紺							
	俕	蘇紺							
	謲	七紺							
	醰	徒紺							
	儑	五紺							

韻紐	妠	顲	顑	篸
切語	奴紺	郎紺	呼紺	作紺

去聲　闞第五十四

編號					
韻紐	闞	濫	賧	䶫	𧵳
切語	苦濫	盧瞰	吐濫	古蹔	呼濫
切語上字 聲紐					
切語上字 清濁					
切語上字 聲值					
切語下字 等					
切語下字 呼					
切語下字 韻值					
系聯					
備註					

	憨	下瞰					
	憺	徒濫					
	暫	藏濫					
	擔	都濫					
	三	蘇暫					

去聲 豔第五十五

編號	韻紐	切語	切語上字系聯 聲紐	清濁	聲值	切語下字系聯 等	呼	韻值	備註
	豔	以贍							
	贍	時豔							
	染	而豔							
	厭	於豔							

去聲 㮇第五十六

編號									
韻紐	閃	𡅖	壍	殮	覘	𨇨	㤿	潛	占
切語	舒贍	子豔	七豔	力驗	丑豔	昌豔	於驗	慈豔	章豔
聲紐									
清濁									
聲值									
切語上字									
等									
呼									
韻值									
切語下字									
系聯									
備註									

去聲　嚴第五十七

㮇	念	店	⿰石韱	磹	趝	酓	僭	⿰目朁	兼	傔	稴
他念	奴店	都念	先念	徒念	紀念	於念	子念	漸念	古念	苦念	力店

歁	⿰齒占	蘸	韽	陷	韻紐	去聲 陷第五十八
口陷	陟陷	莊陷	於陷	戶韽	切語	
					切語上字 聲紐	
					切語上字 清濁	
					切語上字 聲值	
					切語下字 等	
					切語下字 呼	
					切語下字 韻值	
					系聯	
					備註	

⿱艹夌	⿰金支	脅	釅	紐
亡劒	丘釅	許欠	魚欠	語
				聲紐
				清濁
				聲值
				等
				呼
				韻值
				聯
				備註

編號	韻紐	切語	切語上字 聲紐	清濁	聲值	等呼	切語下字 韻值	系聯	備註
	賺	佇陷							
	儳	仕陷							
	𪘁	公陷							
	諵	尼賺							
	顑	玉陷							

去聲 鑑第五十九

編號	韻紐	切語	切語上字 聲紐	清濁	聲值	等呼	切語下字 韻值	系聯	備註
	鑑	格懺							
	懺	楚鑒							
	⿱斬見	子鑑							
	釤	所鑑							
	⿰亻敢	許鑑							
	[illegible]	[illegible]鑑							

去聲　梵第六十

編號					
韻紐	梵	汎	劒	欠	俺
切語	扶泛	孚梵	居欠	去劒	於劒
切語上字　聲紐					
切語上字　清濁					
切語上字　聲值					
切語下字　等					
切語下字　呼					
切語下字　韻值					
系聯					
備註					

入聲　屋第一

編號	韻紐	切語	切語上字：聲紐	切語上字：清濁	切語上字：聲值	切語下字：等	切語下字：呼	切語下字：韻值	系聯	備註
	屋	烏谷								
	獨	徒谷								
	穀	古祿								
	縠	胡谷								
	哭	空谷								
	禿	他谷								
	㲉	丁木								
	速	桑谷								
	祿	盧谷								
	嗀	呼木								
	族	昨木								
	瘯	千木								
	鏃	作木								

扑	普木
卜	博木
木	莫卜
福	方六
伏	房六
縮	所六
六	力竹
逐	直六
菊	居六
麴	驅匊
熟	殊六
俶	昌六
育	余六
鞠	渠竹
竈	七宿
肉	如六
粥	之六
叔	式竹

蓄	許竹
竹	張六
蹙	子六
珿	初六
朒	女六
縬	側六
蝮	芳福
郁	於六
肅	息逐
目	莫六
囿	于六
蓄	丑六
砡	魚菊
歜	才六

入聲 沃第二

編號	韻紐	切語	切語上字 聲紐	切語上字 清濁	切語上字 聲值	切語下字 等	切語下字 呼	切語下字 韻值	系聯	備註
	沃	烏酷								
	毒	徒沃								
	篤	冬毒								
	酷	苦沃								
	鵠	胡沃								
	僕	蒲沃								
	洬	先篤								
	梏	古沃								
	瑁	莫沃								
	熇	火酷								
	褥	內沃								
	傶	將毒								
	襮	博沃								
	濼	盧毒								

櫂	五沃

入聲燭第三

編號	韻紐	切語	切語上字聲紐	清濁	聲值	等呼	切語下字韻值	系聯	備註
	燭	之欲							
	玉	魚欲							
	旭	許玉							
	輂	居玉							
	局	渠玉							
	蜀	市玉							
	觸	尺玉							
	辱	而蜀							
	束	書玉							

欲	躅	錄	曲	瘃	足	贖	幞	促	續	粟	轐	梀
余蜀	直録	力玉	丘玉	陟玉	即玉	神蜀	房玉	七玉	似足	相玉	封曲	丑玉

入聲 覺第四

編號	韻紐	切語	切語上字系聯			切語下字系聯			備註
			聲紐	清濁	聲值	等	呼	韻值	
	覺	古岳							
	嶽	五角							
	浞	士角							
	捉	側角							
	朔	所角							
	斵	竹角							
	剥	北角							
	邈	莫角							
	雹	蒲角							
	璞	匹角							
	㱿	苦角							
	濁	直角							
	渥	於角							
	搦	女角							

韻紐	娖	吒	學	犖	逴
切語	測角	許角	胡覺	呂角	敕角

入聲 質第五

編號					
韻紐	質	日	實	秩	悉
切語	之日	人質	神質	直一	息七
切語上字 聲紐					
切語上字 清濁					
切語上字 聲值					
切語下字 等					
切語下字 呼					
切語下字 韻值					
聯系					
備註					

一	於悉
七	親吉
匹	譬吉
吉	居質
暱	尼質
逸	夷質
詰	去吉
欯	許吉
抶	丑栗
栗	力質
窒	陟栗
疾	秦悉
剎	初栗
失	式質
堲	資悉
蜜	彌畢
必	卑吉
姞	巨乙

颰	于筆
率	所律
叱	昌栗
齜	仕叱
密	美畢
弼	房密
乙	於筆
耴	魚乙
筆	鄙密
茁	徵筆
肸	羲乙
暨	居乙
蛭	丁悉
獝	況必

入聲術第六

編號	韻紐	切語	切語上字 聲紐	清濁	聲值	等呼	韻值	切語下字系聯	備註
	術	食聿							
	橘	居聿							
	崒	慈卹							
	聿	餘律							
	卒	子聿							
	卹	辛聿							
	律	呂卹							
	黜	丑律							
	怵	竹律							
	朮	直律							
	出	赤律							
	焌	倉聿							
	𪗕	崱律							

入聲　櫛第七

編號	韻紐	切語	切語上字 聲紐	切語上字 清濁	切語上字 聲值	切語下字 等呼	切語下字 韻值	系聯	備註
	櫛	阻瑟							
	瑟	所櫛							
	齜	崱瑟							

入聲　物第八

編號	韻紐	切語	切語上字 聲紐	切語上字 清濁	切語上字 聲值	切語下字 等呼	切語下字 韻值	系聯	備註

物	弗	鬱	亥	屈	倔	佛	⿵風忽	颵	拂	崛
文弗	分勿	紆物	九勿	區勿	衢物	符弗	許勿	王勿	敷勿	魚勿

入聲 迄第九

號	紐	語	聲紐	清	濁	聲值	等	呼	韻值	聯	備註
	迄	許訖									
	訖	居乙									
	疙	魚迄									
	釳	其迄									
	乞	去訖									

入聲 月第十

編號	韻紐	切語	切語上字 聲紐	切語上字 清濁	切語上字 聲值	切語下字 等	切語下字 呼	切語下字 韻值	系聯	備註
	月	魚厥								
	伐	房越								
	越	王伐								
	厥	居月								

入聲沒第十一

嬮	於月
⿰角厥	其月
闕	去月
髮	方伐
韈	望發
⿵風戉	許月
謁	於歇
歇	許竭
訐	居竭
揭	其謁
怫	拂伐
钀	語訐

號	紐	語	聲紐	清濁	聲值	等	呼	韻值	聯	備註
	沒	莫勃								
	殳	土骨								
	骨	古忽								
	勃	蒲沒								
	咄	當沒								
	宊	他骨								
	突	陀骨								
	頞	烏沒								
	忽	呼骨								
	兀	五忽								
	誖	普沒								
	柭	勒沒								
	窟	苦骨								
	訥	內骨								
	窣	蘇骨								
	猝	倉沒								

捽	昨没
麧	下没
搰	戶骨
卒	臧没

入聲曷第十二

編號	韻紐	切語	切語上字 聲紐	清濁	聲值	等呼	韻值	切語下字系聯	備註
	曷	胡葛							
	顯	許葛							
	怛	當割							
	闥	他達							
	遏	烏葛							

入聲　末第十三

編號									
韻紐	末	攋	捺	攃	躠	葛	薛	巀	達	[illegible]
切語	莫撥	矛割	奴曷	七曷	桑割	古達	五割	才割	唐割	[illegible]
切語上字　聲紐										
切語上字　清濁										
切語上字　聲值										
切語下字　等										
切語下字　呼										
切語下字　韻值										
聯系										
備註										

枂	柮	撥	鬢	括	闊	活	奪	豁	斡	繓	鏺	侻	捋	掇	撮	跋
五活	藏活	北末	姊末	古活	苦栝	戸括	徒活	呼括	烏括	子括	普活	他括	郎括	丁括	倉括	蒲撥

入聲 黠第十四

編號	韵紐	切語	切語上字 聲紐	切語上字 清濁	切語上字 聲值	切語下字 等	切語下字 呼	切語下字 韵值	聯系	備註
	黠	胡八								
	札	側八								
	拔	蒲八								
	𧦧	恪八								
	滑	戶八								
	八	博拔								
	窡	丁滑								
	婠	烏八								
	貀	女滑								
	䶨	初八								
	劀	古滑								

入聲 鎋第十五

編										
韻	戛	軋	殺	𠎝	傄	痆	䯚	𩨨	汃	茁
切	古黠	烏黠	所八	莫八	呼八	女黠	五骨	口滑	普八	鄒滑
切語上字										
切語下字										
系										
備註										

鶷	捌	妠	礣	篡	刖	刷	鵽	頒	頢	刮	獺	瞎	鶛	剎	齾	鷃	鎋
古鎋	百鎋	女刮	莫鎋	初刮	五刮	數刮	丁刮	丑刮	下刮	古頒	他鎋	許鎋	枯鎋	初鎋	五鎋	乙鎋	胡瞎

韻紐	切語	切語上字聲紐	清濁	聲值	切語下字系	等呼	韻值	聯	備註
鏩	查鎋								
哳	陟鎋								
髾	而轄								

入聲屑第十六

編號	韻紐	切語	切語上字聲紐	清濁	聲值	切語下字系	等呼	韻值	聯	備註
	屑	先結								
	切	千結								
	結	古屑								
	節	子結								
	血	呼決								
	闋	苦穴								
	玦	古穴								

穴	抉	姪	鐵	纈	涅	截	齧	蔑	彆	噎	猰	奆	撆	蹩	窒	奊
胡決	於決	徒結	他結	胡結	奴結	昨結	五結	莫結	方結	烏結	苦結	虎結	普蔑	蒲結	丁結	練結

入聲薛第十七

編號	切韵 韵紐	切語	切語上字 聲紐	清濁	聲值	切語下字 等	呼	韵值	系聯	備註
	薛	私列								
	列	良薛								
	哲	陟列								
	傑	渠列								
	熱	如列								
	晢	旨熱								
	舌	食列								
	折	常列								
	孼	魚列								
	滅	亡列								
	朅	丘謁								

絕	蕝	雪	紴	悅	鈌	噦	爇	說	拙	歠	輟	劣	瞥	別	轍	䇷
情雪	子悅	相絕	丑悅	弋雪	傾雪	乙劣	如劣	失爇	職悅	昌悅	陟劣	力輟	芳滅	皮列	直列	方別

敹	所劣
孑	居列
設	識列
吶	女劣
旻	許劣
妜	於悅
蹶	紀劣
茁	側劣
膬	七絕
蠽	姊列
摋	山列
焆	於列
屮	丑列
娎	許列
啜	姝雪
萴	廁列
⿱扌叏	寺絕

入聲 藥第十八

編號	韻紐	切語	切語上字 聲紐	切語上字 清濁	切語上字 聲值	切語下字 等	切語下字 呼	切語下字 韻值	聯系	備註
	藥	以灼								
	略	離灼								
	腳	居勺								
	灼	之若								
	爍	書藥								
	若	而灼								
	綽	昌約								
	約	於略								

卻	去約
虐	魚約
妁	市若
辵	丑略
削	息約
斮	側略
爵	即略
皭	在爵
鵲	七雀
噱	其虐
嬳	憂縛
縛	符钁
矆	許縛
篗	王縛
玃	居縛
芍	張略
著	直略
[illegible]	[illegible]

入聲　鐸第十九

編號	韻紐	切語	切語上字 聲紐	切語上字 清濁	切語上字 聲值	切語下字 等	切語下字 呼	切語下字 韻值	系聯	備註
	鐸	徒落								
	莫	慕各								
	落	盧各								
	託	他各								
	作	則落								
	錯	倉各								

編號	韻紐	切語
	逽	女略
	⿱雨尃	孚縛
	謔	虛約

各 古落
恪 苦各
咢 五各
[illegible] 匹各
惡 烏各
泊 傍各
臛 呵各
索 蘇各
涸 下各
昨 在各
博 補各
諾 奴各
霍 虛郭
郭 古博
臒 烏郭
穫 胡郭
廓 苦郭

入聲　陌第二十

編號	韻紐	切語	切語上字 聲紐	清濁	聲值	切語下字 等	呼	韻值	系聯	備註
	陌	莫白								
	礫	陟格								
	白	傍陌								
	伯	博陌								
	劇	奇逆								
	戟	几劇								
	索	山戟								
	柵	測戟								

	[illegible]	祖郭

嚄	胡伯
嘖	側伯
齰	鋤陌
隙	綺戟
額	五陌
逆	宜戟
客	苦格
啞	烏格
虩	許郤
坼	丑格
韄	乙白
拍	普伯
赫	呼格
垎	胡格
格	古伯
謋	虎伯
宅	場伯

入聲　麥第二十一

編號	韻紐	切語	切語上字 聲紐	切語上字 清濁	切語上字 聲值	切語下字 等呼	切語下字 韻值	系聯	備註
	麥	莫獲							
	獲	胡麥							
	蟈	古獲							
	檗	博厄							
	䌟	蒲革							
	賾	士革							

	擭	一號
	蹃	女白
	[illegible]	丘擭
	榑	弼戟

責	側革
[illegible]	查獲
策	楚革
礊	楷革
剨	呼麥
覈	下革
隔	古核
摘	陟革
戹	於革
栜	山責
[illegible]	普麥
鷊	五革
礐	力摘
[illegible]	簪摑
撼	砂獲
[illegible]	求獲
[illegible]	尼戹

入聲　昔第二十二

編號	韻紐	切語	切語上字 聲紐	切語上字 清濁	切語上字 聲值	切語下字 等呼	切語下字 韻值	系聯	備註
	昔	思積							
	積	資昔							
	益	伊昔							
	繹	羊益							
	釋	施隻							
	尺	昌石							
	石	常隻							
	隻	之石							
	擲	直炙							
	皵	七迹							
	席	祥易							

入聲　錫第二十三

籍	擗	役	瞁	辟	僻	廦	碧	䵂	彳	菒	旻				
秦昔	房益	營隻	許役	必益	芳辟	食亦	彼役	竹益	丑亦	之役	七役				

編號	韻紐	切語	切語上字 聲紐	清濁	聲值	切語下字 等	呼	韻值	聯系	備註
	錫	先擊								
	激	古歷								
	霹	普擊								
	靂	郎擊								
	的	都歷								
	檄	胡狄								
	鷁	五歷								
	荻	徒歷								
	逖	他歷								
	績	則歷								
	燩	苦擊								
	惄	奴歷								
	寂	前歷								
	覓	莫狄								
	甓	扶歷								
	壁	北激								

闃	苦鶪
郹	古闃
戚	倉歷
赥	許激
殺	呼臭
歡	丑歷

入聲 職第二十四

編號	韻紐	切語	切語上字 聲紐	清濁	聲值	等	呼	切語下字系聯 韻值	備註
	職	之翼							
	直	除力							
	力	林直							
	敕	恥力							

陟	食	息	寔	識	赩	崱	極	匿	測	憶	色	𩋡	殛	弋	即	逼	域
竹力	乘力	相即	常職	賞職	許極	士力	渠力	女力	初力	於力	所力	丘力	紀力	與職	子力	彼側	雨逼

入聲德第二十五

編號													
韻紐	洫	堛	稄	愎	嶷	堲	割	窅	瀷				
切語	況逼	芳逼	阻力	符逼	魚力	秦力	丁力	士逼	昌力				
聲紐（切語上字）													
清濁													
聲值 等													
呼													
韻值（切語下字）													
聯系													
備註													

德 多則

勒	忒	刻	特	黑	墨	賊	塞	北	菔	或	國	餩	劾	[illegible]	裓	墄
盧則	他德	苦得	徒得	呼北	莫北	昨則	蘇則	博墨	蒲北	胡國	古或	愛黑	胡得	奴勒	古得	七則

韻紐	切語	聲紐	清濁	聲值	等	呼	韻值	系聯	備註
覆	匹北								
戫	呼或								

入聲緝第二十六

編號	韻紐	切語	切語上字 聲紐	清濁	聲值	切語下字 等	呼	韻值	系聯	備註
	緝	七入								
	十	是執								
	執	之入								
	習	似入								
	集	秦入								
	入	人執								
	揖	伊入								

及	蟄	縶	立	急	岌	泣	靸	翜	吸	戢	邑	湁	煜	熠	孨	霵
其立	直立	陟立	力入	居立	魚及	去急	先立	色立	許及	阻立	於汲	丑入	爲立	羊入	尼立	仕戢

編號	韻紐	切語	聲紐	清濁	聲值	等呼	韻值	切語下字系聯	備註
	䮘	皮及							
	鵖	彼及							
	届	初戢							
	卙	昌汁							

入聲 合第二十七

編號	韻紐	切語	切語上字 聲紐	清濁	聲值	等呼	韻值	切語下字系聯	備註
	合	侯閤							
	閤	古沓							
	答	都合							
	趿	蘇合							
	沓	徒合							
	[illegible]	[illegible]							

入聲　盇第二十八

編號										
韻紐	帀	拉	納	溘	姶	欱	㬰	⿺走參	遪	唈
切語	子荅	盧合	奴荅	口荅	烏合	呼合	五合	七合	士合	烏荅
聲紐 切語上字										
清濁										
聲值										
等 切語下字										
呼										
韻值										
聯系										
備註										

盍	臘	[illegible]	榻	[illegible]	魶	蹋	[illegible]	儑	[illegible]	[illegible]	榼	鰪	囃	砝	譫
胡臘	盧盍	都榼	吐盍	呼盍	奴盍	徒盍	私盍	五盍	才盍	古盍	苦盍	安盍	倉雜	居盍	章盍

入聲 葉第二十九

編號	韻紐	切語	切語上字 聲紐	清濁	聲值	切語下字 等	呼	韻值	系聯	備註
	葉	與涉								
	接	即葉								
	攝	書涉								
	涉	時攝								
	獵	良涉								
	捷	疾葉								
	牒	直葉								
	㪑	於輒								
	聶	尼輒								
	謵	叱涉								
	讘	而涉								
	讋	之涉								

入聲 怗第三十

編號	韻紐	切語	切語上字聲紐	清	濁	聲值	等	呼	切語下字韻值	系聯	備註
	妾	七接									
	銛	丑輒									
	衱	其輒									
	輒	陟葉									
	曄	筠輒									
	㾊	去涉									
	萐	山輒									
	⿰糹劫	居輒									
	魘	於葉									

入聲 洽第三十一

協	胡頰
頰	古協
愜	苦協
牒	徒協
苶	奴協
燮	蘇協
甄	盧協
聑	丁愜
[illegible]	在協
浹	子協
碟	呼牒
[illegible]	先頰

編號	韵紐	切語	切語上字聲紐	清濁	聲值	切語下字等呼	韵值	聯系	備註
	洽	侯夾							
	恰	苦洽							
	箑	七洽							
	夾	古洽							
	眨	側洽							
	插	楚洽							
	図	女洽							
	⿰鼻合	呼洽							
	霎	山洽							
	劄	竹洽							
	⿰足奄	烏洽							
	⿰目巠	五夾							
	⿱亠⿱図皿	丑図							

入聲 狎第三十二

編號	韻紐	切語	切語上字 聲紐	切語上字 清濁	切語上字 聲值	切語下字 等呼	切語下字 韻值	系聯	備註
	狎	胡甲							
	澲	丈甲							
	鴨	烏甲							
	甲	古狎							
	翣	所甲							
	呷	呼甲							

入聲 業第三十三

編號	韻紐	切語	切語上字 聲紐	切語上字 清濁	切語上字 聲值	切語下字 等呼	切語下字 韻值	系聯	備註

韻紐	切語
業	魚怯
脅	虛業
怯	去劫
劫	居怯
腌	於業
殜	余業
跲	巨業

入聲

乏第三十四

編號	韻紐	切語
	乏	房法
	法	方乏
	[illegible]	孚[illegible]

編號　韻紐　切語（切語上字　切語下字　系）　聲紐（清濁　聲值　等呼）　韻值　聯　備註

猲
起法

⿰扌耴
女法

揷
丑法